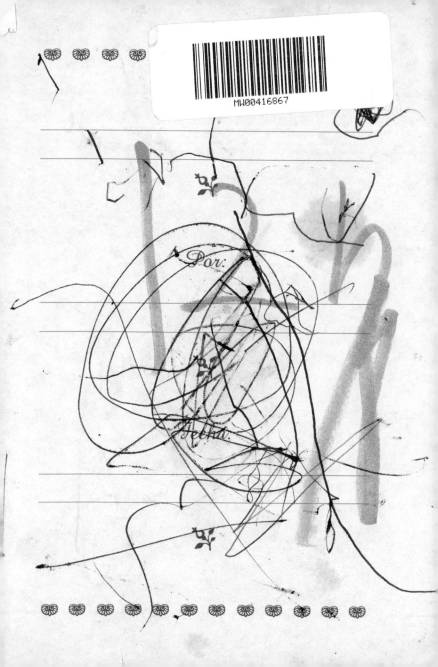

Por:

Hebra

Desayuno · CON Dios

PENSAMIENTOS DE INSPIRACIÓN PARA
COMENZAR TU DÍA A LA MANERA DE DIOS

Publicado por
Editorial Unilit
Miami, FL 33172
Derechos reservados

© 2005 Editorial Unilit (Spanish translation)
Primera edición 2011 (edición en rústica)

© 1996 por Honor Books, Inc.
Originalmente publicado en inglés con el título:
Breakfast With God
por Cook Communications Ministries
4050 Lee Vance View,
Colorado Springs, Colorado 80918 USA
Todos los derechos reservados.

Traducción: Raquel Monsalve
Diseño de la portada: Ximena Urra
Fotografía de la portada: © 2011 Tischenko Irina, Serazetdinov, Ilolab, Color Symphony,
Aborisov. Usadas con la autorización de Shutterstock.com

A menos que se indique lo contrario, las citas bíblicas se tomaron de la Santa Biblia,
Nueva Versión Internacional. © 1999 por la Sociedad Bíblica Internacional.
Para otras versiones de la Biblia usadas en este libro, véase la página 201.
Usadas con permiso.

Producto 497138
ISBN 0-7899-1854-4
ISBN 978-0-7899-1854-3

Impreso en Colombia
Printed in Colombia

Categoría: Inspiración /Motivación /Devocional
Category: Inspiration /Motivational /Devotionals

Desayuno con Dios

¡Toma tu desayuno!

- *El desayuno es la comida más importante del día.*

- *No salgas de la casa sin desayunar.*

- *Un buen desayuno te beneficiará todo el día.*

Estas frases y otras similares son muy conocidas en nuestra cultura, aunque ya no son solo el consejo de mamá. Los doctores y los científicos han gastado millones de dólares para descubrir lo que siempre supieron las mamás.

Sin embargo, aun más importante que un desayuno natural nutritivo es un desayuno espiritual nutritivo. Proverbios 31:15 dice de la mujer ejemplar que se levanta temprano para darle alimento espiritual a su familia. David dijo en el Salmo 63:1: *«Dios mío, tú eres mi Dios. Con ansias te busco desde que amanece»* (TLA).

Una vez Jesús les dijo a sus discípulos: «Yo tengo un alimento que ustedes no conocen», y luego explicó: «Mi alimento es hacer la voluntad del que me envió y terminar su obra» (Juan 4:32, 34). Jesús se refería a que andar en obediencia al Padre y hacer su voluntad lo motivaba y facultaba. La vida de Jesús fluía desde «adentro hacia fuera». Lo mismo debe ser cierto para los que procuramos seguir sus pasos.

Cuando pasamos la primera parte del día con la Palabra de Dios, orando, meditando, alabando y adorando, adquirimos una fortaleza interior y una energía que le agrega vitalidad al día completo. Este «alimento para el alma» es un alimento de verdad del que el mundo nada sabe, que nos prepara para llevar a cabo la voluntad de Dios. Sin importar a dónde nos pueda llevar nuestro día, tenemos una mente renovada para pensar los pensamientos de Dios, para sentir el latido de su corazón y decir y hacer lo que Jesús diría y haría.

Después de tomar tu *Desayuno con Dios*, estarás preparado para enfrentar lo que el día te traiga... y terminar el día con menos estrés y frustración. Dios nos promete que si buscamos primero su reino, todas las demás cosas nos serán añadidas. (Véase Mateo 6:33). Cuando haces de tu relación con Dios la máxima prioridad, ¡te preparas para recibir bendiciones todo el día!

Como la primera mañana

Su compasión jamás se agota.
Cada mañana se renuevan sus bondades.
Lamentaciones 3:22-23

¡Qué gozo debe de haber sido para el primer hombre y la primera mujer despertarse en la mañana después de su creación!

Ante ellos había un hermoso huerto sin imperfección, una armoniosa creación sin confusión, un ambiente ordenado sin siquiera una mala hierba o espina. Lo más maravilloso era que caminaban y hablaban libremente con el Señor en el fresco del día. ¿No te hubiera encantado experimentar ese glorioso estado por una mañana? Eleanor Farjeon debe haber sentido el mismo júbilo cuando escribió las palabras de su himno ahora famoso en todo el mundo:

Rompió la mañana como el primer día;
El mirlo cantó como la primera ave.
¡Alabanzas por los cantos! ¡Alabanzas por la mañana!
¡Alabanza por ellos que cantan de un mundo nuevo!

La nueva lluvia cae del cielo alumbrado por el sol,
Como el primer rocío cayó en el primer césped.
Alabanzas por las dulzuras del húmedo jardín.
La plenitud de la primavera por donde pasan sus pies.

¡La luz del sol es mía! Mía es la mañana,
¡Nacen de la única luz que iluminó el Edén!
¡Alabanzas con júbilo, alabanzas cada mañana!
¡La recreación de Dios del nuevo día![1]

Aunque quizá no nos despertemos a un mundo perfecto y prístino en nuestros cuerpos naturales, *podemos* despertar a un «día nuevo por completo» en nuestras mentes y corazones. A lo largo del día podemos caminar y hablar con el Señor. Cada día el Señor les presenta a sus amados hijos maravillosas posibilidades para que exploren con Él.

Recordemos siempre que Él es el *Creador y nuestro amante Padre*. No importa en qué estado nos encontremos, Él puede crear algo nuevo en nosotros, para nosotros y por medio de nosotros. ¡Qué motivo para alabarlo! ¡Su próximo hecho de creación aguarda para revelarse mientras le entregamos nuestra vida en esta mañana y durante el día!

Los viajeros del amanecer

> *Partieron los hijos de Israel y acamparon [...]*
> *en el desierto [...] hacia el nacimiento del sol.*
> *Números 21:10-11, RV-95*

Cuando Moisés sacó a los hijos de Israel de Egipto, el pueblo enseguida experimentó gran gozo al liberarse de la esclavitud. Sin embargo, mientras viajaban por el desierto hacia la tierra prometida, el temor a lo desconocido a menudo se les apoderaba del corazón. El siguiente pasaje de Louise Haskins, tomado de *Traveling Toward Sunrise*, capta la esencia de cómo todos avanzamos hacia territorio desconocido por la simple confianza en Dios:

«*Esos viajeros fueron los héroes de todos los tiempos. Viajaban por el camino de la estrella que se abría paso a través de una inspiradora tierra, de un agotador desierto sostenido por la esperanza de un nuevo y glorioso día, de un futuro mañana, cuando la noche con sus tinieblas y sombras quedarían atrás.*

»*Viajeros cuyas esperanzas estaban fijas en lo que estaba delante y más allá; hombres de fe que siguieron el destello de la lealtad, hasta el mismo final; precursores que presentaron un ejemplo único de intrepidez y valor; hombres de visión, siempre mirando hacia delante, nunca hacia atrás. Qué inspirador y desafiante pensamiento mientras nosotros [...] comenzamos nuestro peregrinaje, viajando hacia el amanecer. Comencemos llenando el aire con canciones de regocijo, con canciones, no suspiros, pues somos peregrinos del infinito, viajando a la tierra donde surgen los amaneceres y la gloria tiene su morada, donde la vida comienza, no termina, y donde la primavera es eterna.*

» Y le dije al hombre de pie en la puerta del año: "¡Dame luz para que pueda viajar con seguridad hacia lo desconocido!".

» Y él me dijo: "Sal a la oscuridad y pon tu mano en la Mano de Dios; eso será mejor para ti que la luz y más seguro que un camino conocido". Así que partí y encontré la Mano de Dios, andando con alegría en la noche.

» Y Él me guió hacia las colinas y al romper del día en el solitario Este»[2].

Quizá, mientras lees esto, enfrentas tremendas oportunidades o abrumadoras dificultades. En todo caso, pon tu mano en la mano de Dios y camina con Él. Deja que te dé aliento y sabiduría mientras avanzas hacia tu tierra prometida.

La primera taza

De mañana mi oración
se presentará delante de ti.
Salmo 88:13, RV-60

*M*ucha gente ni soñaría en comenzar su día sin una taza de café. Confían en que esa «primera taza del día» los despierte y los ponga en marcha.

Hay otros que han descubierto algo más potente aun para comenzar el día: la oración a primera hora del día.

Para algunos, esta es una oración dirigida a Dios antes de salir de la cama. Para otros, es un tiempo planeado de oración entre vestirse y salir a trabajar. Aun para otros, es un compromiso de llegar al trabajo media hora más temprano para pasar un tiempo a solas, enfocados en la oración antes de comenzar a trabajar.

Henry Ward Beecher, uno de los más notables predicadores del siglo diecinueve, dijo esto sobre comenzar el día con oración:

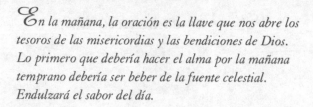

En la mañana, la oración es la llave que nos abre los tesoros de las misericordias y las bendiciones de Dios. Lo primero que debería hacer el alma por la mañana temprano debería ser beber de la fuente celestial. Endulzará el sabor del día.

«[...] Y si te detienes mucho tiempo en el dulcísimo trono, saldrás de tu cuarto de oración como los sumos sacerdotes de Israel salían del intenso ministerio en el altar de incienso, embargados por completo de la fragancia celestial de esa comunión»[3].

Un coro popular en los grupos cristianos hace algunos años era el siguiente: «Lléname, Señor; te elevo mi copa. Ven y sacia la sed de mi corazón. Pan del cielo, de mi alma el maná, lléname, todo tuyo quiero ser»[4].

La oración de la mañana es el tiempo para llenar tu copa hasta que desborde de paz. Luego, a medida que te pones en contacto con otras personas en tu hogar y en el trabajo, puedes derramar esa misma paz en ellas. ¡Y la buena noticia es que no tienes que pagar para que te la vuelvan a llenar otra vez cuando se vacía durante el día!

Lo que es seguro hoy

El Señor dirige los pasos del hombre.
Salmo 37:23, DHH

En su libro para niños, *The Chance World*, Henry Drummond describe un lugar en el que nada es previsible. El sol puede salir o no. Quizá el sol aparezca de pronto a cualquier hora o tal vez la luna salga en lugar del sol. Cuando los niños nacen en el mundo de fantasía de Drummond, quizá tengan una cabeza o una docena de ellas, y estas a lo mejor no las lleven entre los hombros.

Si alguien salta en el aire a este «mundo imprevisible», es imposible prever dónde va a caer esa persona. El hecho de que cayera ayer no garantiza que caerá la próxima vez. La ley de la gravedad y todas las demás leyes naturales cambian de hora en hora.

Hoy, el cuerpo de un niño puede ser tan liviano que le sea imposible bajar al piso desde una silla. Mañana, el niño quizá baje con tal fuerza que atraviese los tres pisos de una casa y caiga cerca del centro de la tierra.

En el análisis final, *The Chance World* es un mundo aterrador. Mientras que la mayoría de la gente goza de cierta espontaneidad en su vida, disfrutan más de la vida cuando se vive con un trasfondo de cosas previsibles, seguras y confiables.

Las Escrituras nos prometen que el Señor no cambia. Es el mismo ayer y hoy y por los siglos. (Véase Hebreos 13:8). Además, sus leyes naturales no cambian a menos que autorice su cambio para el bien de sus hijos. Sus mandamientos no cambian. Sus promesas para nosotros son seguras. Lo sabemos con toda certeza: «El Señor *dirige* los pasos del hombre».

Tal vez el Señor tenga algunas sorpresas para ti hoy. Son parte de su continua creación en tu vida. Aun así, sus sorpresas siempre se diseñan de manera especial para ti sobre el sólido cimiento de su amor. El deseo de Dios es que experimentes lo mejor y lo más sublime en tu vida. ¡Puedes contar con Él!

Comparta el secreto

He aprendido a contentarme con lo que tengo.
Filipenses 4:11 DHH

Una mujer llamada Francisca conocía a una joven de la iglesia llamada Rebeca. Esta siempre parecía estar contenta y feliz, aunque Francisca sabía que enfrentaba luchas en su vida. Su tan esperado matrimonio terminó enseguida en divorcio. Luchó por entender su vida de soltera. No fue lo que eligió, pero decidió que viviría con el mayor gozo y satisfacción posibles. Rebeca estaba activa en la Escuela Dominical, en el coro, como líder del grupo de jovencitas de la secundaria y en el movimiento de avivamiento de la iglesia.

A Francisca le alegró conocer a Rebeca. Todo su rostro parecía sonreír y siempre saludaba a Francisca con un abrazo. Un día, le preguntó a Rebeca:

—¿Cómo es que siempre estás tan feliz, tienes tanta energía, y nunca pareces desanimarte?

—Sé el secreto —le respondió Rebeca con ojos sonrientes.

—¿Cuál es ese secreto? ¿A qué te refieres? —le preguntó Francisca.

—Te lo voy a decir, pero me tienes que prometer que no vas a contarle "el secreto" a otros —le dijo Rebeca.

—Está bien —asintió Francisca—, ¿de qué se trata?

—Este es el secreto: He aprendido que hay muy poco que pueda hacer en mi vida que me haga sentir feliz de verdad. Tengo que depender en Dios para que me haga feliz y supla mis necesidades. Cuando se presenta una necesidad en mi vida, tengo que confiar en Dios para que la supla según sus riquezas. He aprendido que casi nunca necesito ni la mitad de lo que creo que necesito. Él nunca me ha defraudado. Desde que aprendí ese secreto, soy feliz.

El primer pensamiento de Francisca fue: *¡Eso es demasiado simple!* Sin embargo, al reflexionar sobre su vida recordó cómo había pensado que una casa más grande la haría feliz, pero no fue así. Pensó que un trabajo con mejor salario la haría feliz, pero no lo hizo. ¿Cuándo se sentía más feliz? Sentándose en el piso con sus nietos, comiendo pizza y mirando una película: un regalo sencillo de Dios.

Rebeca sabía el secreto, Francisca aprendió el secreto, ¡y ahora tú también lo sabes!

Haz todo lo posible

*Todo el que invoque el nombre del SEÑOR,
escapará con vida.*
Joel 2:32

¿Algunas veces te sientes incompetente? La mayoría nos sentimos así de vez en cuando. Y todos conocemos a personas que creemos que tienen demasiado éxito como para sentir lo mismo.

Parece que Martín Lutero, el predicador alemán y erudito bíblico del siglo dieciséis que inició la Reforma protestante, era el tipo de hombre que estaría seguro de sí mismo en gran medida. Cualquier hombre que en público se atreviera a poner en tela de juicio la teología de su iglesia, en una época en que le podía costar la vida, no sería un hombre que tuviera dudas de sí mismo. ¿No es así?

En realidad, Lutero pasó los primeros años de su vida obsesionado por su supuesta falta de valor. En forma periódica ayunaba y maltrataba su cuerpo en un intento de «ganar» el favor de Dios. En una peregrinación a Roma, subió los Escalones de Pilato de rodillas, besando cada escalón. Más tarde escribió que en esos años le confesaba constantemente sus pecados a Dios, pero que nunca sentía que hacía lo suficiente.

Un día, mientras leía la carta a los Romanos, Lutero se dio cuenta de que no podía ganar su salvación. La Biblia dice que la salvación se recibe, que no se puede ganar. (Véase Romanos 4:13-14). Esos versículos de la Escritura liberaron a Lutero, cambiando de forma radical su opinión de que eran sus obras lo que le hacían merecedor de la gracia de Dios.

Reconoció que Jesucristo ya había hecho todo «lo que había que hacer» para su salvación. Lo que tenía que hacer era recibir por fe lo que Jesús había hecho, puesto que el Señor había pagado el precio por sus pecados en la cruz.

En los días que caemos de bruces por los fracasos o solo nos sentimos desanimados, debemos recordar que nuestros errores no son el fin del mundo. Nuestra incompetencia no es la perdición. ¡Nuestra salvación no depende de lo bien que manejemos las cosas!

Quizá la perfección sea nuestra meta, pero cuando nos demos cuenta de que aún no la hemos logrado, debemos calmarnos y volvernos al Señor diciendo: «Perdóname por lo que he hecho y por lo que he dejado sin hacer. Confío en ti como mi Salvador, mi Liberador, mi Esperanza y mi Perfección». ¡Él es y siempre lo será!

El sacrificio matutino

Su función consistía en[...] (que) cada mañana y cada tarde
debían estar presentes para agradecer y alabar al SEÑOR.
1 Crónicas 23:28, 30

A los levitas nunca se les daba la opción de faltar a los devocionales de la mañana. Se les *mandaba* ofrecer el sacrificio cada día, sin excepción. Como parte del ritual matutino en el templo, el sumo sacerdote tenía estos tres deberes:

1. *mantener en buen estado las lámparas, asegurándose de que cada copa de la menorá tuviera suficiente aceite y que las mechas estuvieran bien puestas,*

2. *quemar incienso dulce en el altar del incienso,*

3. *y quemar la grasa de las ofrendas de «paz».*

Una vez a la semana, como parte del ritual matutino, el sacerdote sustituía «el pan de la Presencia» que estaba siempre delante del Señor.

El sacerdote realizaba estas funciones en silenciosa adoración, usando una vestimenta de gran simbolismo. Mientras trabajaba, el único sonido que se escuchaba era el tintineo de las campanillas por el borde de su manto.

Quizá este antiguo ritual parezca raro y de poco significado para nosotros hoy, pero una de las grandes lecciones que podemos sacar de esto es la siguiente: el sacrificio matutino involucraba *todos* los sentidos y la mente. El sacerdote estaba de pie delante del Señor haciendo gran despliegue de su identidad; se colocaba delante del Señor para que lo examinara.

Sus sacrificios abarcaban cada aspecto de su humanidad: las lámparas simbolizaban su necesidad de luz, su habilidad de ver con ojos espirituales. El incienso era un cuadro de su necesidad de morar en una atmósfera llena de la santa presencia de Dios. Las ofrendas de paz eran un símbolo de su necesidad de paz con Dios y sus compañeros. Y «el pan de la Presencia» demostraba su necesidad de la provisión diaria, que solo el Señor podía proveer.

Esta era una ceremonia que, en su silencio, decía con claridad: «Te necesitamos. Sin ti, no tenemos vida, ni integridad, ni propósito».

Tal vez no tengamos un ritual a seguir en nuestros devocionales matutinos, pero debemos ir ante el Señor con el mismo espíritu de dependencia y obediencia. El día por delante no es nuestro. Nuestra vida le pertenece a Dios. (Véase 1 Corintios 6:20).

Él suplirá todo lo que necesitemos. El día es suyo, al igual que nosotros.

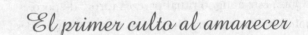

El primer culto al amanecer

*Puedo cantar tus alabanzas. ¡Despierta, alma mía! ¡Despierten,
arpa y lira! Recibamos con cánticos el amanecer.*
Salmo 57:7-8, LBD

Corría el año 1909, y el lugar era el monte Roubidoux,
California. En el valle, al pie de la montaña, estaba la
posada Mission. Aquí se encontraba alojado Jacob Riis, el
famoso portavoz de los derechos sociales y padre del
movimiento contra la pobreza en Nueva York.

Mientras Riis miraba hacia la cima del monte
Roubidoux, tuvo una visión. Durante el servicio de cantos
vespertino de la posada, le expresó sus pensamientos a
Frank Miller, el dueño, y los demás huéspedes reunidos:

*Veo en el futuro una peregrinación anual, llámenla
como quieran, yendo por los serpenteantes caminos del
monte Roubidoux, y subiendo aun más alto hacia la cruz
que corona la cima, donde la campana hace sonar su
mensaje de paz en la tierra y buena voluntad para con los
hombres, y reuniéndose aquí para cantar las antiguas*

canciones que van directo a los corazones de los hombres y las mujeres».

Jacob Riis profetizó esto, pero ni siquiera se habría imaginado lo pronto que sucedería. El siguiente domingo era la Pascua de resurrección, y Miller decidió que esa observancia sería memorable. Invitó a cien de sus huéspedes y amigos (Riis ya se había ido para ese entonces) a que subieran al monte Roubidoux y que recibieran el alba del nuevo día con un sencillo pero conmovedor servicio.

A la luz de ese amanecer de la Pascua, esos cien «peregrinos» llevaron a cabo el primer culto al amanecer del que se tiene registro. Hoy en día los cultos de Pascua al amanecer son una tradición anual para los cristianos alrededor del mundo. Aunque no todo el mundo puede recibir ese día glorioso desde la cima de una montaña, alabando a Dios mientras observan los primeros rayos del sol aparecer sobre el horizonte haciendo que nuestro espíritu se eleve. Aun cuando el día esté nublado, hay algo maravilloso en observar cómo los rayos de luz de Dios se abren paso a través de las nubes para calentar el mundo.

Sin embargo, no hay que esperar por la Pascua. Tú puedes hacer que cualquier día sea tu día santo dedicándoselo al Señor. ¿Por qué no pones tu despertador a fin de disfrutar tu propio «culto al amanecer» mañana por la mañana?

Habla con el Creador

*El principio de la sabiduría es el temor del SEÑOR; buen juicio
demuestran quienes cumplen sus preceptos.*
Salmo 111:10

«No hay prácticamente nada que alguna vez haya
querido hacer, que le pidiera al bendito Creador que me
ayudara, que no la pudiera lograr. Todo es muy sencillo
si uno sabe hablar con el Creador. Es solo buscar al Señor
y encontrarlo». Estas son las palabras del gran científico
George Washington Carver, el botánico estadounidense
que reconstruyó la economía agrícola del sur después de
la Guerra Civil.

Nacido esclavo, con el tiempo Carver llegó a ser el
director del Departamento de Investigación Agrícola del
Instituto Tuskegee en Alabama. Desarrolló más de
trescientos usos para el maní y docenas de productos
derivados de las batatas y la semilla de soja. Gran parte
de la investigación de Carver se llevó a cabo en su
laboratorio, al que le llamaba «El pequeño taller de Dios».

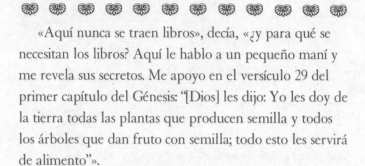

«Aquí nunca se traen libros», decía, «¿y para qué se necesitan los libros? Aquí le hablo a un pequeño maní y me revela sus secretos. Me apoyo en el versículo 29 del primer capítulo del Génesis: "[Dios] les dijo: Yo les doy de la tierra todas las plantas que producen semilla y todos los árboles que dan fruto con semilla; todo esto les servirá de alimento"».

Carver tenía la costumbre de buscar al Señor por la mañana temprano. Se levantaba todos los días a las cuatro e iba a los montes a hablar con Dios. Decía: «Allí Él me da mis órdenes para el día. Recojo muestras y escucho lo que Dios tiene que decirme. Después de mi charla matutina con Dios, voy a mi laboratorio y comienzo a llevar a cabo sus deseos para el día»[5].

Tú puedes comenzar cada día preguntándole a tu Creador lo que Él quiere que hagas ese día y cómo quiere que lo hagas. Si enfrentas un desafío, Dios te puede revelar una nueva perspectiva. Si necesitas inspiración, Dios te puede inspirar. Si te parece que estás en un callejón sin salida, Dios te puede mostrar su salida.

¡Busca a tu Creador hoy! Él desea tu compañerismo y quiere darte las respuestas que necesitas.

Hacia delante

Es él quien me arma de valor y endereza mi camino.
2 Samuel 22:33

El sol apenas salió y ese irritante reloj despertador suena con gran estruendo en tu oído. Atontado extiendes la mano y buscas a tientas hasta que encuentras el botón para detener un rato la alarma. *Solo unos minutos más*, piensas, *y luego me levanto y enfrento el día.*

La alarma suena otra vez. Sabes que no lo puedes postergar más. Es hora de enfrentar lo inevitable. Es hora de luchar con otro día hasta vencerlo.

Después de un par de tazas de café, tu cerebro al fin se espabila. Ahora la pregunta es: ¿cuál de las actividades de hoy debo abordar primero? Antes de comenzar tu trabajo, tal vez quieras buscar inspiración en esta oración escrita por Jacob Boehme, un zapatero alemán que nació hace más de cuatrocientos años:

«Gobierna por mí este día, oh Dios, guiándome por el camino de la justicia. Pon tu Palabra en mi mente y tu

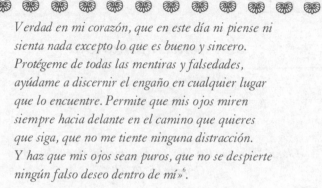

*Verdad en mi corazón, que en este día ni piense ni
sienta nada excepto lo que es bueno y sincero.
Protégeme de todas las mentiras y falsedades,
ayúdame a discernir el engaño en cualquier lugar
que lo encuentre. Permite que mis ojos miren
siempre hacia delante en el camino que quieres
que siga, que no me tiente ninguna distracción.
Y haz que mis ojos sean puros, que no se despierte
ningún falso deseo dentro de mí»*.

Una día sin distracciones, enfocado solo en lo
importante.

Un día visto a través de ojos puros.

Un día marcado por la bondad y la sinceridad.

Un día de clara dirección y no de engaño.

Un día sin falsedades y mentiras.

Un día en el que la Palabra de Dios gobierna nuestras
mentes y su verdad reina en nuestros corazones.

¡Vale la pena levantarse en un día así! Ese es el día que
vale la pena aprovechar de lleno, desde el primer
instante.

La gente mañanera

Llamó Dios a la luz Día, y a las tinieblas llamó Noche.
Génesis 1:5, RV-60

Dios hizo el día y la noche y los llamó buenos. Parece que Dios también hizo a la «gente mañanera», las que tienen el mayor nivel de energía en la mañana, y también a la «gente nocturna» que son más productivas a finales del día. Miremos algunas de las alegrías de ser una «persona mañanera».

Dios les prometió a los hijos de Israel que verían la gloria del Señor por la mañana (Éxodo 16:7). Esto se les prometió cuando tenían hambre y necesitaban pan. Dios les suplió el maná todas las mañanas hasta que llegaron a la tierra prometida. Como los hijos de Israel, nosotros también podemos ver la gloria del Señor cuando lo buscamos en su Palabra. Cada mañana Él nos provee la nutrición que necesitamos para el día.

Otra bendición del tiempo matutino es que a menudo trae un fin al sufrimiento y a la tristeza (Salmo 30:5). Cada día nos trae una nueva oportunidad de buscar a Dios por una tierna perspectiva sobre los problemas y necesidades de nuestra vida. Cuando le damos cada minuto y cada circunstancia de la vida al Señor, podemos esperar ver su luz resplandeciendo durante todo el día.

Hay muchos ejemplos en las Escrituras sobre personas que se levantaron temprano para reunirse con Dios o para hacer su voluntad, entre ellos se encuentran Abraham, Moisés, Josué, Gedeón, Job y hasta Jesús. Los Evangelios nos dicen que Jesús iba al amanecer a enseñarle a la gente que se reunía en los atrios del templo.

El hecho más glorioso del cristianismo, la resurrección, ocurrió temprano por la mañana. Cada mañana podemos celebrar la resurrección de Jesús mientras vemos que la luz del día disipa las tinieblas de la noche.

a supremo pinta cada día

> *¿Acaso no lo sabes? ¿Acaso no te has enterado?*
> *El SEÑOR es el Dios eterno, creador de los confines de la tierra.*
> *No se cansa ni se fatiga.*
> *Isaías 40:28*

$\mathcal{P}$edro el Grande gobernaba desde un palacio lleno de algunas de las más exquisitas obras de arte producidas en el mundo de ese tiempo. Sin embargo, cuando meditaba en el amanecer, se preguntaba cómo era posible que los hombres fueran tan tontos que no se levantaran todas las mañanas para contemplar una de las escenas más gloriosas del universo.

«Se deleitan», dijo, «mirando un cuadro, el trabajo insignificante de un mortal, y a la vez descuidan uno pintado por la mano de la Deidad misma. Por mi parte, voy a hacer que mi vida sea lo más larga que pueda, y por eso voy a dormir lo menos posible».

Las observaciones de Pedro el Grande nos dicen algo sobre su enfoque general de la vida. No solo reconocía la verdadera belleza cuando la observaba, sino que creía que levantarse temprano cada día, a fin de empaparse de la belleza de la maravillosa obra de arte de Dios, en realidad le agregaba días a su vida.

Ese concepto no es tan inverosímil si consideramos lo que nos han dicho los psicólogos en cuanto a liberar el estrés. ¡Tú puedes aliviar el estrés si te levantas temprano por la mañana y pasas algún tiempo de quietud disfrutando el amanecer!

El famoso comerciante de Chicago, John Cooper Smith, sentía que observar la salida del sol era un regalo tan importante para su vida, que en realidad lo mencionó en su testamento. Le dejó a su esposa una herencia de cincuenta mil dólares, y luego hizo el siguiente legado a sus otros parientes:

«Al resto de mis parientes les dejo la luz del sol, las aves y las abejas, allí donde se puedan encontrar las antes mencionadas luz del sol, aves y abejas. La mayor exhibición de arte que jamás puedan ver abre cada día al amanecer. Y maravillosa por igual, esta exhibición es siempre gratuita para los que la ven».

¿Qué tiempo hace que te levantaste temprano para ver salir el sol? ¡Este gran despliegue de la creatividad de Dios puede encender los dones creativos que Él ha colocado en ti e inspirarte para usarlos durante el día!

Trabajando juntos

*Como colaboradores de Dios les suplicamos que no desechen
el maravilloso mensaje de la gracia de Dios.*
2 Corintios 6:1, LBD

Toyohiko Kagawa fue un famoso poeta y reformador
social cristiano japonés. Aunque tenía mala salud, vivía
entre los necesitados en los barrios bajos y trabajaba en
forma incansable para vencer la injusticia social. Su
poema: «El trabajo», habla de la fuente de su fortaleza:

El trabajo

Nunca diré
Que estoy ocupado:
Aquellos que ayudan
A los atribulados
Deben esperar siempre
Estar ocupados.
Cristo era tan asediado
Por las multitudes
Que no tenía tiempo para comer.

Él dijo:
«Al que tiene,
Se le dará más.
Y al que no tiene,
Hasta lo poco que tiene
Se le quitará».
Lo que quiere decir
Que si no usamos
Todos nuestros poderes
Los vamos a perder [...]
Entonces, también, el problema es
Que debemos hacer nuestro trabajo
De todo corazón;
No nos cansamos de hacer
Lo que nos gusta hacer.
Pero lo más importante,
Nuestro consuelo y fortaleza
Vienen solo cuando Dios
Mora en nuestras almas
Trabajando junto a nosotros[7].

No importa qué trabajo hagas hoy, trabajarás con propósito y fuerza si Dios es tu socio. Él siempre está contigo, ¡esperando que le pidas su fortaleza para terminar el trabajo!

Tómate el tiempo

En tus decretos hallo mi deleite, y jamás olvidaré tu palabra.
Salmo 119:16

Frank era como muchos creyentes. Le habían enseñado que si en verdad quería que Dios guiara sus pasos cada día, lo primero que tenía que hacer todas las mañanas era pasar tiempo con Dios. Se encontró con un ejemplar del plan «A través de la Biblia en un año» y puso manos a la obra: tres capítulos cada mañana y dos cada noche.

Aunque de algún modo, la inspiración que esperaba descubrir no llegaba. Le planteó el problema a su amigo Carlos.

—No estaba seguro de cómo encontraría el tiempo para leer la Biblia cada mañana, pero me las ingenié para hacerlo —le dijo Frank—. A veces tengo que apurarme un poco en los capítulos, pero siempre recuerdo lo que he leído. Si me lo preguntaras, sacaría una "A". Entonces, ¿por qué siento que no los he leído en realidad?

—Me parece que lees la Biblia como lo harías con un libro de texto —le respondió Carlos—. Si quieres extraer el significado detrás de las palabras, ora antes de leer y pídele a Dios que te revele esas cosas. En lugar de mirar la Biblia como una tarea de lectura, piensa en ella como un encuentro especial con Dios, como un tiempo que apartas para sentarse y escuchar lo que Él tiene que decirte.

—Ahora me doy cuenta —dijo Frank—. Estaba actuando con la antigua forma de pensar "¿qué gano yo?", y esperaba que Dios me recompensara por usar ese tiempo.

—Dedica más tiempo para leer y estudiar —le sugirió Carlos—. Hasta unos minutos adicionales pueden ser determinantes. Recuerda que mientras más tiempo le des a Dios, más tiempo Él te devuelve. Tu día irá mucho mejor si dejas que *Él* sea el que fije el ritmo y escuchas lo que te quiera decir.

Aunque es importante leer las Escrituras todos los días, es mucho más importante leer *hasta que sientas en tu espíritu que Dios te ha dicho algo a TI*. No te preocupes por leer cierta cantidad de versículos o capítulos. La clave es leer con un oído atento.

La «lista de ser»

El fruto del Espíritu es amor, alegría, paz, paciencia,
amabilidad, bondad, fidelidad, humildad y dominio propio.
Gálatas 5:22-23

Casi todos enfrentamos nuestro día con una «lista de quehaceres». Las Escrituras nos apremian, sin embargo, a tener una «lista de ser».

Mientras que quizá sea importante terminar ciertas tareas, participar en ciertos proyectos o tener ciertos encuentros durante el día, lo más importante *para la eternidad* es quiénes *somos* durante el día.

Desde una perspectiva de «quehaceres», tendemos a ir ante el Señor y decir: «Esta es mi lista y este es mi horario. Por favor, sé conmigo, ayúdame y bendíceme».

Desde una perspectiva de «ser», tal vez le hagamos estas peticiones al Señor:

- Ayúdame a reflejar tu amor hoy.
- Ayúdame a mostrar tu alegría.
- Ayúdame a manifestar tu paz.
- Ayúdame a practicar tu paciencia.

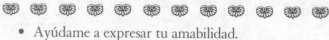
- Ayúdame a expresar tu amabilidad.
- Ayúdame a hacer conocer tu bondad.
- Ayúdame a revelar tu fidelidad.
- Ayúdame a demostrar tu humildad.
- Ayúdame a desplegar tu dominio propio.

No obstante, las ilusiones vanas no producen estos rasgos. Estos vienen de una vida vivida en comunicación con el Señor. Son las marcas distintivas de su presencia en nuestras vidas. Nuestra lista de «ser», por lo tanto, debe comenzar siempre con una invitación al Espíritu Santo para que nos inspire y mueva hacia las buenas obras.

A fin de *expresar* la amabilidad del Señor, por ejemplo, debemos vernos antes como *receptores* de la amabilidad del Señor. Al recibir su amabilidad, estamos más dispuestos a ver las oportunidades en las que podemos mostrar su amabilidad a otros. «Ser amable» llega a ser una parte de todo lo que hacemos. La manera en que hacemos nuestras tareas, llevamos a cabo nuestras reuniones, hacemos nuestros mandados y participamos en nuestros proyectos despliega su amabilidad a todas las personas a nuestro alrededor.

Cuando hacemos de nuestra «lista de ser» nuestra primera prioridad, las cosas que tenemos «que hacer» se hacen mucho más obvias... ¡y menos pesadas!

¡Aquí no hay oscuridad!

*La senda de los justos se asemeja a los primeros
albores de la aurora: su esplendor va en aumento
hasta que el día alcanza su plenitud.*
Proverbios 4:18

Había una vez una Cueva que vivía debajo de la tierra, como es la costumbre de las cuevas. Había pasado toda su vida en la oscuridad.

Un día oyó una vocecita llamándola: «Ven a la luz; ven y ve la luz del sol».

Sin embargo, la Cueva respondió: «No sé lo que quieres decir. Lo único que existe es la oscuridad». Al final, la Cueva se convenció y se aventuró a salir. Se sorprendió mucho al ver luz en todas partes y ni un poquito de oscuridad en algún sitio. Se sintió extrañamente cálida y feliz.

La Cueva también quería tener la misma oportunidad de hacer lo mismo, así que mirando al Sol le dijo: «Ven conmigo y observa la oscuridad».

El Sol le preguntó: «¿Que es la oscuridad?».

La Cueva le respondió: «¡Ven y verás!».

Un día el Sol aceptó la invitación. Mientras entraba a la Cueva le dijo: «Ahora muéstrame tu oscuridad». Sin embargo, ¡no había oscuridad!

El apóstol Juan inicia el relato de su Evangelio describiendo a Jesús como el Verbo y la Luz: «Esa luz verdadera, la que alumbra a todo ser humano» (Juan 1:9). También es Juan el que registra la proclamación de Jesús: «Yo soy la luz del mundo. El que me sigue no andará en tinieblas, sino que tendrá la luz de la vida» (Juan 8:12).

Jesús hizo esta declaración al final de una fiesta, cuando los enormes candelabros estaban siendo apagados a través de la ciudad de Jerusalén. Durante la fiesta, esas lámparas iluminaron la ciudad de modo que la noche parecía haberse vuelto día. «Mi luz *no* se puede extinguir», decía Jesús, «sin importar el tiempo ni la estación».

Mientras comienzas este día, recuerda que llevas la Luz del mundo contigo; dondequiera que vayas y sin importar lo que te suceda durante el día. La luz de Jesús no se puede apagar.

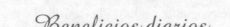

Beneficios diarios

Bendito el Señor; cada día nos colma de beneficios.
Salmo 68:19, RV-60

A menudo olvidamos las bendiciones que damos por sentadas. Sin embargo, cada día Dios «nos colma de beneficios». Esta mañana piense en algunas cosas comunes que quizá des por sentadas, y dale gracias a Dios por ellas:

- Pulmones que funcionan bien y sin parar: de diez a quince veces por minuto.
- Huesos que protegen órganos vitales y músculos que sostienen los huesos en su lugar.
- Un sistema inmunológico sano que combate las enfermedades.
- Un corazón incansable que bombea cuatro litros de sangre por más de noventa y seis mil kilómetros de vasos sanguíneos.
- Temperatura corporal que permanece constante.
- Nuestros cinco sentidos: ojos que ven el amanecer, oídos que escuchan la voz de sus seres amados, una nariz que huele la frescura del rocío temprano, el

sentido del tacto para disfrutar un abrazo y el sentido del gusto para saborear el desayuno.

- Células nerviosas en sinapsis que envían mensajes a otras partes del cuerpo.
- Un sistema digestivo que lleva nutrición a todas las células del cuerpo.
- La habilidad, y el deseo, de levantarse y salir de la cama en la mañana.
- Un lugar para vivir y un lugar para trabajar.
- Familia, amigos y colegas amorosos y comprensivos y las oportunidades de decirles que les quiere.
- Una relación íntima con Dios por medio de Jesucristo.
- Las cambiantes estaciones que nos recuerdan las diferentes épocas de nuestra vida.
- La belleza única de cada día: el ángulo del sol, las blancas nubes que cubren el cielo azul de la tarde, el atardecer dorado y rosa.
- La rotación de la tierra que nos da el día y la noche.
- Tiempos de reflexión en silencio y recuerdos gratos.
- El don de la risa... y la habilidad de reírnos de nuestros errores.

¡Agrega tus propias bendiciones a esta lista y síguela aumentando todo el día![8]

Fuera del estancamiento

La esperanza frustrada aflige al corazón;
el deseo cumplido es un árbol de vida.
Proverbios 13:12

Todos entendemos, quizá demasiado bien, las palabras «depresión de invierno». Llegamos hasta diciembre bastante bien, sin importar cómo esté el clima, debido a que nos entusiasman los preparativos de los días festivos de Navidad y Año Nuevo.

Sin embargo, luego llegan enero y febrero con nieve, hielo, temperaturas bajo cero y las depresiones después de los días festivos. Comienza el desasosiego, las facturas de la Navidad llenan el buzón, nos irritamos con facilidad y cada día parece un duplicado del anterior. En esas regiones del mundo donde el sol brilla y da calor todo el año, las depresiones de invierno quizá tomen un giro algo diferente: demasiados turistas que abarrotan las tiendas, multitudes en las calles y restaurantes colmados de personas.

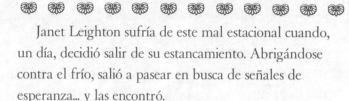

Janet Leighton sufría de este mal estacional cuando, un día, decidió salir de su estancamiento. Abrigándose contra el frío, salió a pasear en busca de señales de esperanza... y las encontró.

Las fresas rojas, los brezos púrpura y los céspedes dorados parecen algo insignificante en la primavera, pero en febrero son una promesa de que llegarán colores más brillantes. Esto fue lo suficiente alentador como para enviar a Janet a su Biblia, donde buscó amados versículos y renovó su consagración con Dios.

El mensaje de renovación parecía un alud. Se dio cuenta de que una amiga por la que había estado orando, se sanaba poco a poco pero segura. Mientras pagaba las cuentas, vio otras formas en que el Señor bendijo a su familia y su espíritu se elevó.

Antes que el estancamiento te desanime, sin importar la estación del año, dedica tiempo para ver las salpicaduras de color y señales de renovación que Dios envía sin cesar a tu vida. Están allí... ¡solo tienes que buscarlos![9]

Amor y fidelidad

Proclamar tu gran amor por la mañana,
y tu fidelidad por la noche.
Salmo 92:2

El salmista nos anima a proclamar el amor de Dios
por la mañana.

Esta proclamación de amor no es para que repitamos
las palabras de Elizabeth Barrett Browning y decirle al
Señor: «¿Cuánto te amo? Déjame contar las formas en
que te amo». Nuestro amor no es recitar el porqué Dios
es digno de nuestro amor. Tampoco es una declaración de
nuestro amor por Él. Más bien, ¡nuestra proclamación de
amor debe ser una declaración de cuánto nos ama el Señor!

¿Cómo nos ama Dios?
Sin duda, mientras meditas en el amor del Señor por ti,
las palabras vienen a la mente. Desde luego, el Señor te
ama en forma incondicional... gentil... individual... íntima...
eterna... estrecha... cálida... tierna... amable. Eres su hijo. Él
siempre tiene en mente tu bien. El apóstol Pablo habló del
amor de Dios:

> «*¿Quién nos separará del amor de Cristo? [...] Por lo cual estoy seguro de que ni la muerte, ni la vida, ni ángeles, ni principados, ni potestades, ni lo presente, ni lo por venir, ni lo alto, ni lo profundo, ni ninguna otra cosa creada nos podrá separar del amor de Dios, que es en Cristo Jesús Señor nuestro*».
>
> Romanos 8:35, 38-39, RV-60

La proclamación del amor de Dios en la mañana te dará fuerzas. Puesto que tienes siempre a tu lado a un Padre amoroso, puedes atravesar cualquier día, sin importar las sorpresas, buenas o malas, que se te presenten en el camino.

Después de comenzar el día y continuarlo en el amor de Dios, es fácil que al final logres recordar *su fidelidad*. Él es fiel para proveerte todo lo que necesitas, librarte del mal y guiarte a bendiciones, todo lo cual son expresiones de su amor. Confesando el amor de Dios como lo primero y más importante, y viviendo en ese amor todo el día, enseguida reconoces el *poder* del amor de Dios para sostenerte, facultarte, protegerte... y darles amor a otros.

Esta mañana, acepta y espera que el Señor va a ser amoroso contigo... y esta noche, ¡sin duda *sabrás* que Dios ha sido fiel!

No le des lugar a la apatía

Canten salmos al SEÑOR, el rey de Sión;
proclamen sus proezas entre las naciones.
Salmo 9:11

Indiferente. No participa. Se queda a mitad del camino. Está en la cerca. Neutral. Indeciso. Todas estas palabras y frases, ninguna de las cuales se considerarían rasgos del carácter noble, señalan hacia un estado del ser: la apatía.

Mientras que tal vez pensemos que la apatía es un lugar seguro para morar, las Escrituras la ven como una existencia condenada al fracaso. Jesús le dijo a la iglesia de Laodicea:

«*Yo sé todo lo que haces. Sé que no eres frío ni caliente. ¡Ojalá fueras frío o caliente! Pero como eres tibio, y no frío ni caliente, te vomitaré de mi boca*».
Apocalipsis 3:15-16, DHH

La poesía de G.A. Studder-Kennedy describe el dolor del Señor por nuestra apatía:

Cuando Jesús fue al Gólgota,
lo colgaron en una cruz,
Atravesaron sus manos y pies con grandes clavos,
e hicieron un Calvario:
Lo coronaron con una corona de espinas,
y sus heridas estaban ensangrentadas,
pues esos fueron días crudos y crueles,
y no se valoraba la vida humana.
Cuando Jesús vino en el tiempo moderno,
solo pasaron por su lado.
Nunca le hicieron daño,
solo lo dejaron morir:
Debido a que había aumentado la ternura de los
hombres,
y nunca le harían daño,
Solo pasaron por su lado en la calle
y lo dejaron en la lluvia.
Todavía Jesús clamaba: «Perdónalos,
porque no saben lo que hacen»;
Y seguía cayendo la lluvia del invierno
que lo empapaba hasta los huesos.
La multitud se fue a casa y dejó las calles
sin ver a una sola alma,
Y Jesús se agachó contra una pared,
y clamó por el Calvario[10].

¡Decide hoy adoptar una posición valiente por el Señor!

El verdadero valor

Los últimos serán primeros, y los primeros, últimos.
Mateo 20:16

En la obra teatral de J.M. Barrie, *El admirable Crichton*, el conde de Loam, su familia y varios amigos naufragan en una isla desierta. Estos nobles eran muy aptos para hablar cosas sin sentido, jugar a las cartas y burlarse de la gente más pobre. Sin embargo, no podían hacer un fuego al aire libre, limpiar pescado ni cocinar alimentos, las habilidades que necesitaban para sobrevivir.

Varados en una isla desierta, lo que sabían la familia del conde y sus amigos era del todo inútil para sobrevivir. Si no hubiera sido por su ingenioso mayordomo Crichton, habrían muerto de hambre. Era el único que poseía las habilidades básicas para mantenerse con vida.

En un cambio muy notable, Crichton se convirtió en el poder ejecutivo del grupo. Les enseñó al conde, a su familia y a sus amigos las habilidades que necesitaban y organizó sus esfuerzos para asegurar que sobrevivirían hasta su rescate.

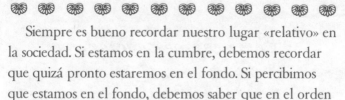

El verdadero valor

Siempre es bueno recordar nuestro lugar «relativo» en la sociedad. Si estamos en la cumbre, debemos recordar que quizá pronto estaremos en el fondo. Si percibimos que estamos en el fondo, debemos saber que en el orden de Dios estamos entre «los primeros».

En *The Finishing Touch*, Chuck Swindoll presenta el asunto de la importancia percibida preguntando sobre la gente detrás de los grandes cristianos:

¿Quién le enseñó a Martín Lutero su teología y le inspiró su traducción del Nuevo Testamento?

¿Quién visitó a Dwight L. Moody en una zapatería y le habló de Cristo?

¿Quién fue la anciana que oró con fidelidad por Billy Graham por más de veinte años?

¿Quién encontró los rollos del Mar Muerto?

¿Quién disciplinó a George Mueller y lo sacó de un estilo de vida pecaminoso?[11]

Tal vez no alcancemos la fama ni el reconocimiento de la gente que nos gustaría tener en esta vida, pero Dios no nos llama a ser bien conocidos ni admirados. Nos llama a que le seamos fieles en cualquier situación que nos encontremos. Cuando lo somos, podemos ver con más claridad cuando nos promueve y nos da favor con los demás.

Corre con perseverancia

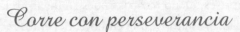

Por tanto, también nosotros, que estamos rodeados de una
multitud tan grande de testigos, despojémonos del lastre que nos
estorba, en especial del pecado que nos asedia, y corramos con
perseverancia la carrera que tenemos por delante.
Hebreos 12:1

¡Quizá no haya un sentimiento mejor en el mundo que el gozo de ganar una carrera que nunca esperaste ganar!

Solo pregúntale a Jenny Spangler. Ganó el maratón de mujeres en las pruebas olímpicas de Estados Unidos en febrero de 1996, ganando el derecho de competir en los Juegos Olímpicos de Verano de Atlanta, Georgia.

En el tiempo de las pruebas, Spangler calificó con el número sesenta y uno, lo que quiere decir que había sesenta corredoras que terminaron la carrera con mejores tiempos que el suyo. Nadie la conocía, y nadie pensó que podía mantener el ritmo de los ganadores cuando pasó a las líderes en el kilómetro veinticinco.

Spangler tenía muy pocos éxitos a su favor. Batió un récord de corredoras no profesionales mientras asistía a la universidad, pero luego abandonó los deportes después que una fractura hizo añicos sus esperanzas de participar en las pruebas para las Olimpiadas de 1984. Dejando de correr después de no haber obtenido muy buenos resultados en 1988, regresó a la universidad y obtuvo una maestría en administración de negocios. Solo corrió dos maratones entre 1988 y 1996.

En las pruebas del maratón, era tan desconocida que las personas que llegaron en segundo y tercer lugar se preguntaron: «¿Quién es?», después que se fuera a la cabeza y mantuviera su lugar.

Las favoritas de la carrera de febrero esperaban que Jenny Spangler no hiciera un buen papel, pero no fue así. Desde algún lugar dentro de sí, Jenny encontró el valor y la fortaleza para terminar bien. No solo clasificó para formar parte del equipo olímpico, sino que regresó con el primer premio: cuarenta y cinco mil dólares.

¿El día que tienes por delante se ve tan agotador como un maratón? Recuerda a Jenny Spangler mientras trotas por tus diversos compromisos y responsabilidades. Cree que puedes hacer lo que tienes que hacer. Corre la carrera que Dios te ha puesto por delante. ¡Sigue en marcha!

¡Puedes terminar cada día con la satisfacción de saber que estás mucho más cerca de la meta!

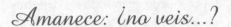

Amanece: ¿no veis...?

Nos vemos atribulados en todo, pero no abatidos;
perplejos, pero no desesperados; perseguidos,
por no abandonados; derribados, pero no destruidos.
2 Corintios 4:8-9

Muy pocos de nosotros pensamos que las primeras palabras de nuestro himno nacional, «The Star-Spangled Banner»[12], estén relacionadas a la devoción espiritual, y es muy posible que lo sean.

«Amanece: ¿no veis,
A la luz de la aurora,
Lo que tanto aclamamos
La noche al caer?»

El compositor de esas palabras, Francis Scott Key, estuvo parado en los puentes de un barco y fue testigo de una terrible batalla naval. Con los últimos rayos del sol, vio la bandera que ondeaba en un fuerte distante. En toda la noche, lograba ver la bandera de su nación durante los relámpagos de luz de los fogonazos de los cañones. Aun así... ¿vería su bandera, el símbolo de su libertad, ondeando al amanecer? ¿O vería ondear otra bandera en su lugar y la batalla perdida?

Amanece: ¿no veis...?

En la última estrofa del himno, declara la respuesta:

«¡*Y* desplegará
Su hermosura estrellada,
Sobre tierra de libres,
La bandera sagrada!»

Nuestro nivel de fe al final de un día quizá sea similar al de Francis Scott Key esa noche fatídica. Tal vez hemos estado en una batalla contra el enemigo de nuestra alma, hemos sentido la presencia de Dios en nuestra vida, pero el ataque ha sido tan fuerte que nos damos vueltas y nos movemos durante la noche, preguntándonos qué va a traer la mañana.

Cuando la luz del sol se abre paso en el amanecer, la luz de la verdad de Dios dice: Estás vivo, Dios sigue contigo, ¡y no te derrotarán!

Aunque tal vez la guerra continúe, la batalla de ayer terminó. Dios sigue en el trono. Tú eres aún su hijo. Él no te ha abandonado.

¡Enfrenta el día de hoy con valor! Recuerda estas palabras como un miembro de la «nación» del propio cuerpo de creyentes de Cristo, la iglesia:

A Dios quien nos dio paz, libertad y honor,
Nos mantuvo nación, con fervor bendigamos.
Nuestra causa es el bien, y por eso triunfamos.
Siempre fue nuestro lema «¡*En Dios confiamos!*»

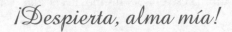

¡Despierta, alma mía!

Pero yo le cantaré a tu poder, y por la mañana alabaré tu amor.
Salmo 59:16

A una persona no le resulta raro despertar con las previstas luchas del día presionando en su mente. Aun así, la vida en Cristo nos llama a enfrentar los retos del día con la fortaleza del Espíritu Santo dentro de nosotros.

A veces necesitamos un sentido de la presencia del Señor para reavivarnos, al igual que las brasas en una chimenea requieren que se revuelvan a las primeras horas de la mañana para encender una nueva llama. El resultado es que las brasas de ayer y el encendido de hoy se convierten en una llama.

¿Qué enciende tu espíritu? Quizá nada traiga la vida a tu corazón con tanta rapidez como un cántico de alabanza. Cántale al Señor una nueva canción o tu coro favorito de alabanza y adoración. Darle voz a la alabanza hace más que despertar los sentidos, despierta el alma a la presencia de Dios.

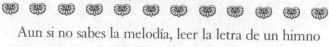

Aun si no sabes la melodía, leer la letra de un himno puede conmover tu corazón.

Despierta, alma mía

Despierta, alma mía, despierta,
Y continúa con vigor;
Una carrera celestial demanda tu fervor,
Y una corona inmortal,
Y una corona inmortal.
Una nube de testigos a tu alrededor
Te rodea por completo:
Olvida los pasos ya dados,
Y hacia delante mira tu camino,
Y hacia delante mira tu camino.
Es la voz alentadora de Dios,
La que te llama desde lo alto;
Su propia mano te presenta el premio
Ante tu mirada aspirante,
Ante tu mirada aspirante.
Bendito Salvador, de tu mano,
Mi carrera he comenzado;
Y coronado de victoria,
A tus pies dejaré mis honores,
Allí dejaré mis honores[13].

La verdadera identidad

Y para mostrar que ya somos sus hijos, Dios mandó el Espíritu de
su Hijo a nuestros corazones; y el Espíritu clama: «¡Padre mío!»
Gálatas 4:6, DHH

Cada día el mundo desafía tu identidad tratando de decirte quién eres, o quién debes ser, dándole forma a tus deseos, diciéndote qué es importante, qué valores deberías tener y cómo utilizar tu tiempo y tus recursos. Lo que el mundo te dice quizá no sea verdad.

Se cuenta la historia de un hacendado que fue de cacería a las montañas del oeste de Texas. En lo alto de un acantilado, vio el nido de un águila. Tomó uno de los huevos del águila, lo llevó a su hacienda y lo colocó junto a los huevos de una de sus gallinas que los empollaba. Al final, el aguilucho salió del cascarón. La gallina lo cuidó junto con sus pollitos que salieron al mismo tiempo.

El águila hizo su hogar en el granero junto con los pollitos. Comía, dormía y vivía como las gallinas. Un día, un águila de una montaña cercana voló sobre el corral buscando una presa. Tratando de proteger a sus pollitos y al aguilucho, la gallina cacareó con fuerza.

Mientras la gran águila volaba bajo sobre el corral, también emitió un graznido muy fuerte; un graznido que solo pueden hacer las águilas. Los pollitos le hicieron caso a la advertencia de su madre, pero el aguilucho respondió al llamado del águila. Voló y ascendió, siguiendo al *águila* a las alturas de la montaña.

¿Qué nos dice la Escritura sobre quiénes somos como hijos de Dios? Somos la niña de sus ojos (Zacarías 2:8), el rebaño de su pueblo (Zacarías 9:16), una corona esplendorosa en la mano del Señor y una diadema real en la palma de tu Dios (Isaías 62:3); el templo de Dios (1 Corintios 3:17). Somos herederos de Dios y coherederos con Cristo (Romanos 8:17). Somos reyes y sacerdotes de nuestro Dios (Apocalipsis 5:10). Nos crearon para ser semejantes a Él (Génesis 1:27).

Lo más importante es que somos hijos de Dios (1 Juan 3:1). Le pertenecemos a Él y cuando nos llama nuestros corazones claman: «¡Padre mío!».

¡Escucha su llamado hoy! Averigua quién eres y cuál es tu propósito para Él, ¡el que te hizo!

De nuevo en el camino

Pues Dios no nos ha dado un espíritu de timidez,
sino de poder, de amor y de dominio propio.
2 Timoteo 1:7

Una cosa es salir de la cama por la mañana. Otra cosa es sentirse preparado para enfrentar cualquier cosa que te traiga el día. ¿Adónde te vuelves para una inyección de confianza?

Lo creas o no, una de las mejores cosas para aumentar la confianza que puedes encontrar tal vez estén dentro de esas mullidas zapatillas que te gusta usar: tus dos pies.

Los investigadores han descubierto que el ejercicio regular, treinta minutos unas tres o cuatro veces a la semana, aumenta el nivel de confianza tanto en hombres como mujeres. Esto se debe en parte a la forma en que el ejercicio fortalece, tonifica y mejora la apariencia del cuerpo. También tiene que ver con la química del cerebro.

Cuando una persona hace ejercicio, ocurren algunos cambios en el cerebro. Las endorfinas, que se liberan cuando uno hace ejercicio, son proteínas que trabajan en los centros de placer del cerebro y hacen que una persona se sienta más alegre. Cuando los latidos del corazón aumentan durante el ejercicio, se liberan neurotrofinas, haciendo que la persona se sienta más alerta y enfocada.

¿Te estás sintiendo ansioso por tu día? Haz una caminata, trota, monta bicicleta o haz un poco de gimnasia como primera cosa en la mañana. Mira a ver si no te sientes un poco más contento.

Los que hacen ejercicio con regularidad también sienten que si se logran disciplinar para hacer ejercicios, ¡pueden disciplinarse para hacer cualquier cosa!

El cuerpo humano es uno de los más maravillosos ejemplos del poder creativo de Dios, un ejemplo con el que vivimos cada día. No solo nos creó para que obtengamos confianza leyendo su Palabra y experimentemos su presencia mediante la oración, sino también para que usemos nuestros cuerpos.

Ponte esos zapatos para caminar y habla con Dios mientras caminas. No solo tu cuerpo se pondrá más en forma y tu mente estará más alerta, sino que el Espíritu Santo te dará dirección y paz para tu día.

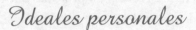

Ideales personales

*¡Ya se te ha declarado lo que es bueno! Ya se te ha dicho lo que
de ti espera el SEÑOR: Practicar la justicia, amar la misericordia,
y humillarte ante tu Dios.*
Miqueas 6:8

¿Cuáles crees que son tus ideales personales, las cosas que
consideras más importantes al definir el buen carácter?

Esto es lo que Sir William Osler dijo una vez sobre sus
propios ideales:

«*Tengo tres ideales personales. Uno es hacer el trabajo
del día bien y no preocuparme por el mañana [...] El
segundo ideal ha sido practicar la Regla de Oro, en lo
que a mí respecta, con los hermanos de mi profesión y
los pacientes dejados a mi cuidado. Y el tercero ha sido
cultivar tal medida de ecuanimidad que me permitiría
tener éxito con humildad, el afecto de mis amigos sin
orgullo y estar listo, con el valor propio de un hombre,
cuando venga a mi encuentro el día de dolor y
sufrimiento*».

En cierta ocasión, una maestra de oratoria les dio la tarea a sus alumnos de dar un discurso de una frase titulado: «Lo que quiero que se inscriba en mi epitafio». La clase le dijo que esa tarea fue uno de los trabajos más difíciles que recibieron. En casi todos los casos, los estudiantes vieron una gran discrepancia entre la forma en que vivían sus vidas y cómo deseaban que los demás percibieran sus vidas.

Muchos hacemos decisiones de Año Nuevo para comenzar de nuevo. Recibimos un nuevo día con un voto o determinación de «superación» en una esfera particular de nuestra vida. Con todo, pocas veces meditamos mucho en lo que consideramos el trabajo más digno y noble.

Esta mañana, piensa un poco en lo que *tú* crees que son las características de una vida respetada. ¿Qué aspiras en cuanto a *tu* propio carácter?

A medida que identificas estas características, verás con más claridad la forma en que deseas vivir tu vida y lo que debes cambiar a fin de hacerlo según tus ideales.

¿Adónde se va el tiempo?

Mientras sea de día, tenemos que llevar a cabo la obra del que me envió. Viene la noche cuando nadie puede trabajar.
Juan 9:4

La mayoría podemos buscar y encontrar recordatorios de buenas intenciones. Enseguida vemos esferas en las que nunca perseveramos para alcanzar una meta. Debemos desempolvar el equipo de ejercicio que apenas usamos. El piano, que tenía el propósito de cumplir nuestros sueños de tiempos familiares felices en los que cantaríamos, guarda silencio.

Los libros amontonados en la mesita de noche siguen sin leerse. Y la computadora portátil que llevaríamos en las vacaciones para escribir una novela está aún en la caja que vino.

Lo que es más importante, hay niños en la familia que esperan que les prestemos atención. Todo niño tiene dones y habilidades que aguardan por su desarrollo, pero eso toma tiempo.

El descubrimiento de habilidades potenciales lleva tiempo y esfuerzo convenido. No es por casualidad. El tiempo para la interacción significativa no siempre «aparece» mientras hacemos malabares con un día lleno de citas y otros compromisos.

El tiempo que Dios nos da es nuestro para emplearlo... nosotros determinamos cómo usarlo. Lo podemos llenar de actividades que edifican la vida o podemos dejar que se nos escape a través de los dedos hora por hora, día por día, semana por semana, hasta que sin darnos cuenta, pasó un año completo y se logró muy poco.

Mientras estás vivo, *usarás* tu tiempo: 24 horas, 1.440 minutos, 86.400 segundos al día. Es cosa tuya decidir *cómo* vas a usarlo.

¡Acepta el desafío de hacer que cada momento cuente! Cuando llevas a tu hijo al dentista, haz de eso una aventura, un tiempo para escuchar, aprender y hablar de la sabiduría de Dios. ¿Tienes una hora libre cuando te puedes sentar con tranquilidad y leer uno o dos capítulos en uno de esos libros?

Fíjate en lo que planeaste para hoy y ordena tus prioridades según las metas que te has fijado para la vida. Haz lo mismo mañana y al día siguiente. No va a pasar mucho tiempo antes que tu vida comience a ser más productiva y satisfactoria.

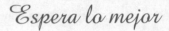
Espera lo mejor

*Pase lo que pase, compórtense de una manera
digna del evangelio de Cristo.*
Filipenses 1:27

¿*Qué tal si fracaso? ¿Y qué si pierdo? ¿Qué tal si él me
odia? ¿Y qué si ella me grita?*

Este es el tipo de preguntas que a menudo pasan por
nuestra mente cuando nos enfrentamos a decisiones
difíciles o a circunstancias penosas. Si hablamos o decimos
algo que no es bueno, ¿cómo reparamos el daño? Si
actuamos con mucha precipitación y luego fallamos,
¿cómo le miraremos a los ojos de nuevo a nuestros seres
queridos?

Una ejecutiva que trabajaba en una compañía de
seguros enfrentó estos temores al poco tiempo de asumir
un cargo de supervisora. Se dio cuenta de que muchos de
los empleados de su departamento recibían sueldos
menores que los empleados de otros departamentos que
en sí hacían el mismo tipo de trabajo.

Como jefa nueva, sabía que era peligroso poner en tela de juicio las decisiones de sus superiores. ¿Qué pensarían de ella? Sin embargo, por el bien de sus empleados, se sintió motivada a vencer esos temores y a actuar en esa situación. ¿Cómo lo haría?

Se hizo una pregunta más importante: «¿Qué es lo peor que puede suceder si yo...?». Quizá alguien se enoje, pero eso pasaría. A lo mejor negaban los aumentos de sueldo, pero al menos lo habría intentado. Tal vez perdería su trabajo, pero confiaba en que Dios le podía proveer otro trabajo.

Confiando en Dios para un buen resultado, y negándose a ceder a sus temores, decidió hablar con sus superiores sobre las discrepancias. Cuando lo hizo, no solo se preocuparon en serio, sino que comenzaron a hacer algo al respecto.

Dios está contigo para ayudarte en cualquier situación en que te encuentres. Mira tu situación desde diferentes ángulos y luego mírala desde la perspectiva de Dios. Entonces puedes actuar según la voluntad de Dios y confiar por completo en Él para un gran resultado.

¡Vive hoy tu vida a la manera de Dios! No solo verás mucho crecimiento y victoria, sino que Él rodeará tu vida con favor.

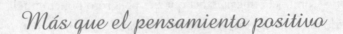

Más que el pensamiento positivo

Porque cual es su pensamiento en su corazón, tal es él.
Proverbios 23:7, RV-60

Lo que pensamos determina lo que hacemos. Lo que es más importante aun, las Escrituras nos dicen que lo que pensamos moldea nuestras actitudes y la manera de vivir.

La ciudad griega de Filipos fue uno de los lugares en el que el apóstol Pablo tuvo un ministerio fructífero. Los griegos eran grandes pensadores. Les encantaba un buen debate, una animada conversación sobre filosofía o un tiempo entusiasta de oratoria capaz de despertar la imaginación. El apóstol Pablo les escribió a los filipenses:

«Todo lo que es verdadero, todo lo honesto, todo lo justo, todo lo puro, todo lo amable, todo lo que es de buen nombre; si hay virtud alguna, si algo digno de alabanza, en esto pensad».
Filipenses 4:8, RV-60

Es interesante notar que Pablo escribió esto inmediatamente después de tratar otros tres problemas en Filipenses, capítulo 4 (RV-60). Primero, les dice a dos mujeres enfrascadas en una discusión «que sean de un mismo sentir en el Señor». Pablo quiere que estén en paz entre ellas y que se regocijen juntas en el Señor.

Segundo, Pablo les dice que sean amables con todos los hombres. Eso es una descripción de tener paz con los que no conocen al Señor. Y tercero, Pablo les aconseja que no estén ansiosos ni preocupados por nada, sino que entreguen todas sus dificultades al Señor. Pablo quiere que tengan paz total en sus mentes y sus corazones.

Pablo alienta a los filipenses para que lleguen a ser «emisarios de paz de Dios», volviendo sus pensamientos hacia las bendiciones de Dios y su Palabra. Deja bien claro que el resultado será:

> *«[...] y el Dios de paz estará con ustedes».*
> *Filipenses 4:9*

Mientras buscamos el bien en otros, y meditamos en la infinita bondad de nuestro Creador, encontramos la senda hacia la paz con otros y a la paz que sobrepasa todo entendimiento en cualquier situación que estemos.

El buen pensamiento es más que el pensamiento positivo: ¡es vivir una vida llena de la bondad, la sabiduría y la misericordia de Dios!

Un salto de fe

Se alegrará el justo en Jehová, y confiará en él;
y se gloriarán todos los rectos de corazón.
Salmo 64:10, RV-60

En su libro sobre el camarógrafo Neil Davis, *One Crowded Hour*, Tim Bowden relata un incidente que sucedió en Borneo en 1964 durante el enfrentamiento militar entre Malasia e Indonesia.

A un grupo de nepaleses gurkhas se le preguntó si estarían dispuestos a saltar de un avión de transporte para combatir con los indonesios si era necesario. A ellos nunca los habían preparado como paracaidistas y se les aseguró que tenían el derecho de no aceptar la petición. Bowden cita el relato de Davis:

Debe notarse que los gurkhas casi siempre aceptaban todo, pero en esta ocasión rechazaron el plan por el momento. Entonces, al día siguiente, uno de sus suboficiales buscó al oficial británico que les hizo la petición y le dijo que habían considerado el asunto y que estaban preparados a saltar con ciertas condiciones.

🐚 🐚 🐚 🐚 🐚 🐚 🐚 🐚 🐚 🐚 🐚

—¿Cuáles son? —preguntó el oficial británico.

Los gurkhas le dijeron que saltarían si el terreno era pantanoso o lo bastante blando, sin rocas, debido a que no tenían experiencia en este tipo de cosas. El oficial británico consideró esto y le dijo que donde debían saltar sería con seguridad sobre la selva, y no que no habría rocas, así que eso parecía bien. ¿Había alguna otra cosa?

—Sí —le dijeron los gurkhas. Querían que el avión volara lo más despacio posible y a no más de treinta metros de altura. El oficial británico le señaló que los aviones siempre volaban despacio cuando saltaban las tropas, pero que saltar desde treinta metros de altura era imposible porque los paracaídas no se abrirían a tiempo desde esa altura.

—Ah —dijeron los gurkhas—, está bien entonces. Con paracaídas saltaremos desde cualquier lugar. ¡Usted no mencionó antes el paracaídas[14].

¡Recuerda hoy que Dios es tu piloto y tu paracaídas! Siempre es seguro saltar cuando Él lo ordena.

Cuando enfrentas lo imposible

Sin fe es imposible agradar a Dios.
Hebreos 11:6

¿Cuántas veces has escuchado las palabras: «No se puede hacer»? Quizá fueras uno de los que dijeran esas palabras. No deberíamos tomar cada desafío imposible solo para probar que lo podemos hacer. Sin embargo, hay cosas valiosas que es preciso hacer y que parecen imposibles o que aún no se han hecho.

¿Te ha dado Dios una visión o un sueño? A menudo el que tiene la inspiración también debe poner el «sudor», es decir, la energía y la motivación para llevarlo a cabo. Si hoy enfrentas un enorme desafío, esta poesía de Edgar Guest es para ti:

No podía hacerse

Alguien dijo que no podía hacerse,
Pero él con una sonrisa respondió
Que «quizá no se podía», pero que él

No sería el que lo diría hasta que probara.
Así que lo trató de hacer.
Con el esbozo de una sonrisa en su rostro.
Si estaba preocupado, lo ocultó.
Comenzó a cantar mientras enfrentaba la cosa
Que no podía hacerse y que él hizo.

Alguien se burló: «Ah, nunca lo harás;
Al menos nadie lo ha hecho jamás»;
Pero él se quitó el saco y se quitó el sombrero,
Y lo único que sabía era que comenzó.
Con el mentón levantado y una ligera sonrisa,
Sin duda ni equivocación,
Comenzó a cantar mientras enfrentaba la cosa
Que no podía hacerse y que él hizo.

Hay miles que te dicen que no lo puedes hacer,
Hay miles que profetizan el fracaso,
Hay miles que te señalarán, uno por uno,
Los peligros que te esperan al acecho,
Pero solo enfréntalos con una ligera sonrisa,
Quítate el saco y comienza,
Solo comienza a cantar mientras enfrentas la cosa
Que «no se puede hacer» y que tú harás[15].

Cuando sabemos lo que Dios nos ha llamado a hacer,
¡también podemos saber que Él ha provisto los medios
para realizar esa tarea!

Observa la luz

Tú, SEÑOR, eres mi lámpara;
tú, SEÑOR, iluminas mis tinieblas.
2 Samuel 22:29

*P*uede que Helen Keller perdiera las facultades de ver, oír y hablar a una temprana edad, pero no perdió su don de inspirar a otros.

En sus muchos libros y mediante una gira mundial con el propósito de promover la educación de otros con sus mismos impedimentos, habló con elocuencia sobre el asunto de las tinieblas, la clase de tinieblas que invaden las mentes de los invidentes:

«En verdad, he mirado dentro del mismo corazón de las tinieblas y me he negado a ceder a su influencia paralizante, pero en espíritu soy una que camina por la mañana. ¿Y qué si todas las disposiciones de ánimo llegan a mi camino tan profundas como las hojas secas del otoño? Otros pies han viajado por ese camino antes que yo, y sé con seguridad que el desierto lleva a Dios como los verdes y refrescantes campos y los fértiles

huertos. A mí también me han humillado hasta lo más profundo y me han llevado a darme cuenta de mi pequeñez en medio de la inmensidad de la creación. Mientras más aprendo, menos creo que sé, y mientras más entiendo de mi experiencia sensorial, más percibo sus debilidades e insuficiencia como base de la vida. A veces los puntos de vista de los optimistas y los pesimistas se me presentan de una forma tan hábilmente equilibrada que solo por la pura fuerza del espíritu logro mantenerme aferrada a una filosofía de la vida práctica y llevadera. Aun así, uso mi voluntad, escojo la vida y rechazo su contrario: la nada»[16].

Cuando el día por delante te parece lleno de sombras o temibles tinieblas que amenazan abrumarte, ¡escoge la vida! Toma en serio las palabras de Helen Keller y rechaza la «nada» volviéndote al Señor. Él traerá luz a tu alma y gozo a tu corazón.

La forma de actuar del buldog

*No nos cansemos de hacer el bien, porque a su debido tiempo
cosecharemos si no nos damos por vencidos.*
Gálatas 6:9

¿Estás en medio de una lucha frustrante? Antes de tirar
la toalla, recuerda esta historia del buldog.

Había una vez un hombre que tenía dos buenos
perros de caza y que había pasado muchas horas
entrenándolos. Un día, miró por la ventana justo a
tiempo para ver un pequeño y feo buldog cavando
debajo de su cerca para entrar al patio de sus perros de
caza. Mientras el perro se arrastraba debajo de la cerca, el
hombre se dio cuenta que era demasiado tarde para
detenerlo.

Pensó en lo desigual que sería la pelea. Sin duda, el
pobre pequeño buldog no era comparable a sus animales.
Mordiendo, ladrando y gruñendo, comenzó la batalla,
con las orejas y las colas en el aire. Cuando el pequeño
perro había recibido suficiente, trotó hasta el hueco
debajo de la cerca y se escurrió hacia fuera.

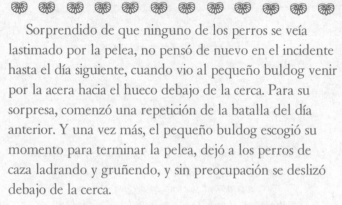

Sorprendido de que ninguno de los perros se veía lastimado por la pelea, no pensó de nuevo en el incidente hasta el día siguiente, cuando vio al pequeño buldog venir por la acera hacia el hueco debajo de la cerca. Para su sorpresa, comenzó una repetición de la batalla del día anterior. Y una vez más, el pequeño buldog escogió su momento para terminar la pelea, dejó a los perros de caza ladrando y gruñendo, y sin preocupación se deslizó debajo de la cerca.

Día tras día por más de una semana, el indeseado visitante regresó para molestar a sus grandes compañeros caninos. Entonces el hombre tuvo que salir por una semana debido a sus negocios. Cuando regresó, le preguntó a su esposa por la batalla continua.

—¿Batalla? —le dijo—. Fíjate, no ha habido pelea durante cuatro días.

—¿Al fin el perro se rindió? —le preguntó el dueño de los perros de caza.

—No exactamente —le dijo—. Ese perrito feo todavía viene por aquí todos los días... aun se metía debajo de la cerca hasta hace un día o dos. Sin embargo, ahora todo lo que tiene que hacer es pasar *caminando* por donde está el hueco y esos dos grandes perros de caza meten la cola entre las patas y se van a sus perreras gimoteando todo el camino.

Algunas veces la persistencia es la clave del éxito.

Nunca te rindas

*Olvidando lo que queda atrás y esforzándome por alcanzar
lo que está delante, sigo avanzando hacia la meta
para ganar el premio que Dios ofrece
mediante su llamamiento celestial en Cristo Jesús.*
Filipenses 3:13-14

El fuego es un don... de calor, luz, belleza y utilidad. Nada es mejor que el chisporroteo del fuego en una fría noche de invierno, ¿y a quién no le gusta tostar dulces de malvavisco en una fogata? Aun así, el fuego también puede ser un enemigo. A veces destruye las cosas que amamos.

El 29 de enero de 1996, un incendio consumió uno de los edificios más venerados de la ciudad de Venecia: La Fenice, su teatro de la ópera de doscientos cuatro años. Cientos de venecianos observaron como el edificio ardía en llamas.

¿Causó tristeza? Por supuesto. ¿Causó desesperación? De ninguna manera. La construcción de La Fenice se suspendió por un incendio en 1792. Otro incendio en 1836 obligó a los venecianos a reconstruir el edificio. Asimismo, después del incendio de 1996 los venecianos ya se reponen a fin de reconstruir su teatro de la ópera.

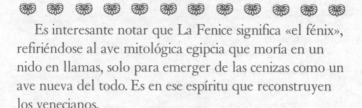

Es interesante notar que La Fenice significa «el fénix», refiriéndose al ave mitológica egipcia que moría en un nido en llamas, solo para emerger de las cenizas como un ave nueva del todo. Es en ese espíritu que reconstruyen los venecianos.

¿Podemos restaurar lo que destruyen los incendios de nuestra vida? Algunas veces. Si deseamos reconstruir y creemos de verdad lo que el Señor quiere que hagamos, ponemos todo nuestro esfuerzo en la tarea. Y otras veces cuando el Señor nos trae a través de un incendio, su deseo es que lo viejo se quede en cenizas y se pueda construir en su lugar algo *diferente* por completo. Esto es cierto no solo en el mundo físico en el que vivimos, sino también en el mundo interior de nuestras almas, cuando nuestro temple interior se «prueba por fuego».

En los casos cuando no podemos ni debemos reconstruir, debemos recordar a Sadrac, Mesac y Abednego. Los lanzaron al horno de fuego de Nabucodonosor por negarse a adorar un ídolo. (Véase Daniel, capítulo 3). Como ellos, nosotros también podemos salir más fuertes y mejor después de la prueba. Podemos ver nuestras vidas tocadas e inspirar a otros al defender lo que creemos.

Si estás enfrentando calamidades o desastres hoy, la Biblia te dice que los dejes atrás enseguida reconstruyendo o construyendo algo del todo nuevo. En cualquiera de los casos, ¡vas llegar a ser más fuerte y mejor que antes si sigues «avanzando»!

Las noticias matutinas

Así dice el SEÑOR: «Canten jubilosos en honor de Jacob; griten de alegría por la mejor de las naciones. Hagan oír sus alabanzas y clamen: "¡Salva, SEÑOR, a tu pueblo!"»
Jeremías 31:7

*Y*a sea en la radio junto a la cama, el televisor cerca de la mesa del desayuno o la radio del automóvil, las noticias matutinas forman parte de casi todos los hogares en nuestro país. Mientras que censuramos el mensaje negativo de la mayor parte de las noticias, parece que somos adictos a escuchar cada vez más noticias. El resultado: permitimos que mucho más negativismo entre a nuestra psique nacional. Si a eso le agregamos programas que dicen ser «informativos» sobre la naturaleza humana, incluyendo programas sensacionalistas de entrevistas, solo aumentamos la influencia negativa en nuestra vida.

El evangelio brilla en un agudo contraste.

La palabra «evangelio» se deriva de la palabra latina *evangelium* y esta del griego *evangelion*. Significaba «premio por la buena nueva» y más tarde tomó el significado de la «buena nueva» en sí, o la buena nueva del amor de Dios mostrado a nosotros mediante el sacrificio de su Hijo, Jesucristo. El evangelio es *buenas noticias*.

¿Cómo hacemos brillar la luz del evangelio en la oscuridad de los informes del mundo? Una manera es proclamar la bondad de Jesucristo cada vez que escuchamos algo negativo.

¿Es el informe sobre un crimen? Entonces proclamamos: «Jesús puede cambiar los corazones de los criminales más duros. Puede sanar las heridas de las víctimas. Aun así, ten misericordia, Señor Jesús».

¿Es la historia de tensiones raciales, guerra o un conflicto entre grupos étnicos? Entonces proclamamos: «Ven, Señor Jesús, sé el Príncipe de paz en esta situación».

¿Son las noticias sobre enfermedades, males o epidemias? Entonces proclamamos: «Jesús es el Sanador. Sánanos, Señor Jesús».

¿Trata la historia de una catástrofe natural, una tormenta o un accidente? Proclamamos: «Jesús calma las tormentas y trae bien del mal. Ven y reina, Señor Jesús. Renuévanos con tu vida».

Aun si dejamos de mirar programas negativos en la televisión y tratamos de evitar cualquier cosa impía, todavía escuchamos noticias negativas y encontramos circunstancias difíciles. Sin embargo, cuando escuchamos un informe malo, podemos contrarrestarlo con una palabra buena acerca del Señor Jesucristo, nuestras Buenas Nuevas. Él es la mejor noticia que cualquier persona pueda escuchar jamás.

Gracia para hoy

Pues todos han pecado y están privados de la gloria de Dios,
pero por su gracia son justificados gratuitamente mediante
la redención que Cristo Jesús efectuó.
Romanos 3:23-24

En *The Grace of Living*, Stephen Olford presenta la historia de Peter Miller, un pastor bautista que vivió durante la Guerra de la Independencia estadounidense. Él vivía en Efrata, Pensilvania, y era amigo de George Washington.

Michael Wittman también vivía en Efrata. Era un malvado que hacía todo lo posible para oponerse y humillar al pastor.

Un día a Michael Wittman lo arrestaron por traición y lo condenaron a muerte. Peter Miller viajó a pie más de cien kilómetros para llegar a Filadelfia y pedir por la vida del traidor.

—No, Peter —le dijo el general Washington—, no puedo concederte la vida de tu amigo.

—¡Mi amigo! —exclamó el viejo predicador—. Es el peor enemigo que tengo.

—¿Qué? —exclamó Washington—. ¿Tú caminaste más de ciento doce kilómetros para salvar la vida de un enemigo? Esto pone el asunto bajo una luz diferente. Te voy a conceder el perdón.

Y lo hizo. Peter Miller llevó de regreso a Michael Wittman a Efrata... no como un enemigo, sino un amigo.

El ejemplo de Miller de gracia y perdón fluyó de su conocimiento del sacrificio de Dios por el género humano. Debido a que Dios lo perdonó y sacrificó a su Hijo por él, Miller encontró la gracia para sacrificarse por su enemigo. Aunque casi todos sabemos que la gracia de Dios y su amor por nosotros es muy grande, algunas veces tienen que recordarnos que su amor nunca falla, ¡aun cuando nosotros fallemos!

En los Juegos Panamericanos, a un saltador estadounidense se le preguntó cómo se las arreglaba con el estrés de las competencias internacionales de saltos (natación). Dijo que subía al trampolín, respiraba profundo y pensaba: «Aun si arruino este salto, mi madre me seguirá amando». Luego trataría de lograr la excelencia.

Al comienzo de cada día, respira profundo y di: «Aun si arruino este día, mi Dios me seguirá amando». Entonces, con la seguridad de su gracia y su pronto perdón, ¡entra al día buscando una puntuación perfecta!

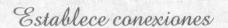

Establece conexiones

Mi ayuda proviene del SEÑOR, creador del cielo y de la tierra.
Salmo 121:2

En *Silent Strength for My Life*, Lloyd John Ogilvie cuenta la historia de un muchacho que conoció mientras viajaba. Se dio cuenta que el muchacho esperaba solo en el salón del aeropuerto a que llamaran su vuelo. Comenzaron a abordar el avión y al niño lo enviaron a su asiento antes que a los pasajeros adultos. Cuando Ogilvie subió al avión, descubrió que al niño le habían asignado el asiento al lado del suyo.

El niño fue muy cortés cuando Ogilvie conversó con él y luego se puso a pintar en un libro de colorear de la aerolínea. No mostraba ni ansiedad ni preocupación por el vuelo mientras se preparaban para el despegue.

Durante el vuelo, el avión voló en una tormenta muy fuerte, lo que causó que el avión se balanceara como «una cometa al viento». La turbulencia y el subsiguiente balanceo del avión asustaron a algunos de los pasajeros, pero el niño parecía tomar las cosas con calma.

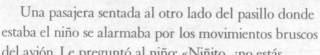

Una pasajera sentada al otro lado del pasillo donde estaba el niño se alarmaba por los movimientos bruscos del avión. Le preguntó al niño: «Niñito, ¿no estás asustado?».

«No, señora», le dijo levantado la vista brevemente de su libro de colorear. «Mi papá es el piloto».

Hay veces cuando los hechos en nuestra vida nos hacen sentir como si estuviéramos en medio de una turbulenta tormenta. Por más que nos esforcemos, nos parece que no podemos aterrizar en tierra firme ni obtener un fundamento seguro. Quizá tengamos la sensación de estar suspendidos en medio del aire sin nada a qué aferrarnos, nada sobre lo cual pararnos y ningún camino seguro para conseguir protección.

Sin embargo, en medio de la tormenta, podemos recordar que nuestro Padre celestial es nuestro piloto. A pesar de las circunstancias, nuestra vida está en las manos de Aquel que creó los cielos y la tierra.

Si un miedo incontrolable comienza a surgir dentro de ti hoy, di: «¡Mi Papá es el piloto!»[17].

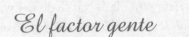

El factor gente

Nadie tiene mayor amor que este,
que uno ponga su vida por sus amigos.
Juan 15:13, RV-60

*S*e busca: Alguien dispuesto a arriesgar su vida por
rescatar doscientos artistas e intelectuales judíos de los
nazis. No se aceptan temerosos.

¿Aprovecharías esta oportunidad de trabajo? Varian
Fry lo hizo. Un profesor de latín del instituto de
Connecticut, fue a Marsella, Francia, en agosto de 1941,
con la intención de quedarse allí tres meses. Se quedó
catorce meses.

Con pasaportes falsos y pasando de contrabando
personas por las montañas a España, Fry y un puñado de
estadounidenses y voluntarios franceses lograron salvar a
casi cuatro mil personas de la matanza nazi. Entre ellos
estaban los doscientos reconocidos artistas e intelectuales
judíos que en un principio intentaba rescatar.

¿Le resultaba difícil a Fry motivarse cada día para
enfrentar la tarea por delante? Es probable que no. No
dudaba que lo que hacía tenía un propósito divino y un
tremendo significado.

La mayoría de nosotros nunca nos encontraremos en la posición de Fry, y a menudo nos preguntamos si lo que hacemos durante el día tiene algún significado. En muchos casos, requiere más fortaleza hacer las tareas triviales que las monumentales.

Si el trabajo que hacemos es difícil, debemos pedirle a Dios que nos muestre cómo hacer que sea menos extenuante.

Si el trabajo es aburrido, debemos pedirle a Dios que nos revele maneras de hacerlo más interesante.

Si pensamos que nuestro trabajo no es importante, debemos recordar que estar en la voluntad de Dios y hacer un buen trabajo para Él no solo será de bendición a otros, sino que nos bendecirá a nosotros ahora y por la eternidad.

A menudo es el factor *gente* el que nos mantiene motivados. Dios nos da propósito y hace que nuestra vida tenga significado, pero Él siempre nos bendice, para que nosotros a su vez podamos bendecir a otros.

Las tareas que enfrentas hoy son significativas a medida que trabajas para suplir una necesidad o para ver el crecimiento en los demás. Verás el amor de Dios moverse por medio de tu vida a otros en todo lo que haces por ellos: desde poner una venda en la rodilla raspada de un niño, hasta inventar una máquina que ayudará a respirar a los asmáticos.

Disfruta del paisaje

Llena está la tierra de la misericordia del SEÑOR.
Salmo 33:5, LBLA

Cada día tiene momentos que vale la pena saborear y disfrutar al máximo. Tal vez tome un poco de esfuerzo buscar esos momentos, pero la recompensa es un sentido de significado enriquecido de la vida, lo cual a su vez, motiva y satisface.

Observa a tus hijos correr para tomar el autobús escolar... o jugar sin ninguna preocupación bajo la tibia lluvia primaveral... o disfrutar cuando observan el movimiento de una oruga en una hoja.

Lleva tu almuerzo al parque y observa a los gansos cuando caminan en círculo alrededor del lago o a los ancianos jugar a los bolos en el césped.

Mira por la ventana y observa a las aves hacer sus nidos en una cornisa o el cuidadoso balanceo de los que lavan las ventanas en los altos edificios al otro lado del bulevar.

Disfruta una taza de capuchino caliente en un café al aire libre mientras un conjunto de cuerdas toca al fondo.

Mira a los cachorritos dar vueltas una y otra vez jugando o a un gatito jugar con una madeja de estambre.

Pasa un tiempo en un balcón, con un vaso de limonada, observando la puesta de sol con su gloria dorada.

Harol V. Melcher dijo una vez:

> «*Vive la vida todos los días como si subieras una montaña. Una mirada ocasional hacia la cumbre mantiene la meta presente, pero muchas escenas hermosas se pueden observar desde cada una de las nuevas posiciones estratégicas. Sube con lentitud, con firmeza, disfrutando cada momento, y la vista desde la cumbre te servirá de clímax apropiado para el viaje*».

Toda la creación de Dios está a nuestro alrededor, no solo en la forma de follaje, animales y aves, sino de personas. ¡Dedica tiempo hoy para disfrutar lo que Dios ha hecho y hace! Disfrutarás más lo que *tú* haces.

Preparación para ganar

*Se alista al caballo para el día de la batalla,
pero la victoria depende del SEÑOR.*
Proverbios 21:31

Lexington, Kentucky, es famosa porque allí se crían los caballos de pura sangre para carreras del mundo. Hay más de ciento cuarenta granjas de cría de caballos en los límites de la ciudad y sus afueras. Con todo, no son solo los bellos campos lo que atraen a los criadores de caballos serios a comprar granjas o caballos en ese lugar. Los pastizales de Kentucky tienen algo que no se encuentra en esa abundancia en ninguna otra parte del mundo: una clase particular de piedra caliza que está a la distancia adecuada desde la superficie y que en forma continua provee minerales vitales a la tierra.

Las plantas que crecen en esta tierra, tales como el pasto que comen los caballos, son ricas en la combinación precisa de los minerales necesarios para hacer crecer huesos que son muy fuertes pero livianos, ideales para las carreras. Por lo tanto, ¡un potrillo que come el pasto de Kentucky pasa los primeros dos años de su vida comiendo con *exactitud* lo que le ayudará a ganar la carrera de su vida!

Junto con la misma analogía, considera los hábitos del alce de Alaska. Los machos adultos de las especies luchan por dominar durante la época de la procreación en otoño, peleando literalmente con otros con sus gigantes astas. A menudo las astas, sus únicas armas, se rompen. Cuando esto sucede, sin duda derrotarán al alce con las astas rotas.

Casi siempre triunfa el alce más robusto y con las astas más largas y fuertes. Por lo tanto, la batalla que se pelea en el otoño en realidad se gana en el verano cuando no hacen otra cosa que comer. Los que coman la mejor dieta para crecer las astas y aumenten de peso serán los que ganen en el otoño. Los que comen en forma inadecuada tiene astas más débiles y son menos robustos.

Aquí hay una lección espiritual para todos. Nos esperan batallas y debemos prepararnos. La fe que persiste, la fortaleza y la sabiduría para las pruebas se pueden desarrollar antes que se necesiten al pasar tiempo con Dios.

Decide hoy empaparte de la Palabra de Dios y pasar tiempo con Él en oración. Si los problemas se presentan más tarde, estarás en sintonía con la voz del Padre y recibirás su plan de batalla, ¡el cual siempre es el que gana!

El Señor de la danza

Convertiste mi lamento en danza.
Salmo 30:11

*L*as Escrituras registran tiempos de regocijo celebrados con danzas. Los hijos de Israel danzaron después de cruzar el Mar Rojo y en la celebración de la victoria militar. El rey David danzó delante del Señor cuando se trajo el arca a la ciudad de David. Cuando el hijo pródigo regresó, su padre preparó una fiesta que incluía música y danza.

Cada día se nos invita a danzar y celebrar todo lo que la vida tiene para nosotros. En el siguiente himno de Sydney Carter, Jesús es el «Señor de la danza».

Dancé en la mañana que el mundo comenzó,
Y dancé en la luna, las estrellas y el sol,
Y bajé del cielo y dancé en la tierra.
En Belén fue donde nací.
Dancé para el escriba y el fariseo,
Pero ellos no danzarían ni me seguirían.
Dancé para los pescadores, para Juan y Jacobo;

Vinieron a mí y la danza continuó.
Dancé el día de reposo cuando sané al cojo,
La gente religiosa decía que era una vergüenza;
Me azotaron, me desnudaron y me colgaron en lo alto;
Y allí me dejaron en una cruz para morir.
Dancé un viernes y el cielo se oscureció;
Enterraron mi cuerpo y pensaron que estaba acabado,
Pero yo soy la danza y sigo avanzando.
Me traspasaron y yo me elevé,
Yo soy la vida que nunca, jamás morirá;
Yo viviré en ti si tú vives en mí;
Soy el Señor de la danza, dijo él.
Danza, entonces, cada vez que lo puedas hacer;
Soy el Señor de la danza, dijo él.
Y los voy a guiar a todos dondequiera que estén,
Y los voy a guiar a todos en la danza, dijo él[18].

La danza es una de las maneras en que podemos celebrar a Dios en adoración y gozo. Cuando comenzamos cada día con Jesús, somos sus socios en la danza de la vida.

Adopta una posición firme

Sean fuertes y valientes. No teman ni se asusten ante esas naciones, pues el SEÑOR su Dios siempre los acompañará; nunca los dejará ni los abandonará.
Deuteronomio 31:6

Kevin, de nueve años de edad, se disgustó al enterarse que el sabor de su helado favorito se dejó de fabricar. En ese caso, ¿qué puede hacer un niño? Pelear contra el ayuntamiento cuando no se tiene edad para votar parece un esfuerzo inútil.

«Pero tú eres un consumidor», le dijo su madre. «Sí, tú puedes ser determinante. Puedes comenzar una protesta. Puedes tomar la decisión de hacer que tu opinión cuente». Así que Kevin siguió el consejo de su madre.

Con la ayuda de sus primos, Kevin comenzó una petición, juntando a la larga ciento treinta firmas. Los niños también hicieron carteles con leyendas atractivas. Al fin, un día lluvioso de enero, Kevin y casi una docena de familiares marcharon a las oficinas centrales de la heladería.

El gerente general de la compañía vio a los caminantes desde la ventana de su oficina y los invitó a pasar. Escuchó las peticiones de los niños y les explicó la posición de la compañía. Se había hecho un extenso estudio de mercadotecnia y se habían gastado miles de dólares para presentar un nuevo sabor. Sin embargo, al final, Kevin y su grupo ganaron. El gerente general decidió olvidarse del nuevo sabor y acordó traer de nuevo al mercado el viejo sabor que le pidieron los demandantes.

Nunca cedas a la idea de que eres demasiado insignificante para liderar un movimiento hacia un cambio positivo en el mundo. Como dijera el líder de una banda en un discurso a estudiantes: la persona más pequeña de la banda, el que lleva la banderilla, es el que nos guía en la calle.

El Señor espera que cada uno de nosotros sea lo suficiente valiente como para decir la verdad cuando surja la oportunidad. A veces la verdad se expresa mejor en las conversaciones, las cartas o en los encuentros cara a cara. Otras veces quizá se daba expresar con carteles y peticiones. En cualquier caso, *una persona* comienza el proceso cuando decide adoptar una posición firme. Tú puedes ser esa persona hoy.

El asunto de dar

Den, y se les dará: se les echará en el regazo una medida llena,
apretada, sacudida y desbordante.
Lucas 6:38

Gran parte del día lo pasamos recibiendo. Nos
levantamos en la mañana a fin de tomar un buen
desayuno antes de que nos lleven en el auto a la escuela o
al trabajo. Recibimos comida y transporte. Luego nos
ponemos en marcha y logramos hacer el trabajo para
recibir el salario que pagará por una salida en el fin de
semana, ¡así recibimos el descanso que necesitamos para
iniciar la próxima semana!

El evangelio nos desafía a que seamos personas que se
preocupen más por dar que recibir. Dar suena noble, y
por instinto sabemos que es «lo que se debe hacer», pero
en la práctica dar nos resulta difícil. El verdadero dar
involucra preocuparnos por los demás, y al final requiere
que nos deshagamos del orgullo y del egoísmo. Dar exige
sacrificio, dejar ir por lo menos una parte de lo que
creemos que «nos pertenece».

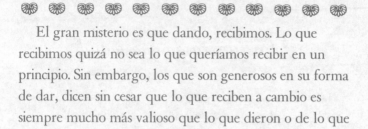
El gran misterio es que dando, recibimos. Lo que recibimos quizá no sea lo que queríamos recibir en un principio. Sin embargo, los que son generosos en su forma de dar, dicen sin cesar que lo que reciben a cambio es siempre mucho más valioso que lo que dieron o de lo que querían recibir en un principio.

Norman Vincent Peale dijo una vez:

> *El hombre que vive para sí es un fracasado. Aun si gana mucho dinero, posición o poder, todavía es un fracasado. El que vive para otros ha alcanzado el verdadero éxito. Un hombre rico que consagra su dinero y su posición para el bien de la humanidad es un hombre exitoso. Un hombre pobre que da de su servicio y su compasión a otros ha alcanzado el verdadero éxito, aun cuando la prosperidad material o los honores públicos nunca lleguen a su vida*».

Busca una forma de darle *algo* a algún necesitado hoy, ya sea tu dinero, tu tiempo, tu talento, tus esfuerzos, tu servicio, tus lágrimas, tu risa, tus ideas o posesiones. Da con libertad y generosidad, no motivado por lo que puedes recibir a cambio. Lo que recibirás de vuelta va a llegar, ¡pero deja que su llegada sea una gozosa sorpresa en tu día!

La fuerza de gravedad

Despojémonos del lastre que nos estorba, en especial del pecado que nos asedia, y corramos con perseverancia la carrera que tenemos por delante.
Hebreos 12:1

En 1969, millones de personas miraron por la televisión la salida del Apolo 11 que envió a tres hombres al espacio. Esos tres hombres serían los primeros seres humanos que alunizarían. Muchas personas recuerdan con exactitud dónde estaban cuando vieron al astronauta Neil Armstrong dar esos primeros pasos históricos en la luna. ¡Fuimos testigos de uno de los mayores logros en la historia!

Uno de los hechos notables de este viaje al espacio fue que se usó más energía en los primeros minutos del viaje después del despegue que durante los siguientes días de viaje de 804.672 km hacia la luna. Se necesitó una fabulosa energía para romper la poderosa fuerza de gravedad de la tierra.

Asimismo, la inercia es difícil de vencer en la vida. Tal vez sintamos que se requiere más energía para hacernos «despegar» en la mañana que para pasar el resto del día.

Los malos hábitos, las heridas del pasado, la amargura, los compromisos sin entusiasmo y el pecado inconfesado pueden ser pesos que nos hacen ir más despacio o que nos impiden ir hacia arriba y adelante con el Señor.

«El secreto de la vida diaria es este», dice Macrina Wiederkehr, una monja benedictina. «¡No hay sobras! No hay nada, ninguna cosa, ninguna persona, ninguna experiencia, ningún pensamiento, ningún gozo ni dolor, que no se pueda recoger y usar para nutrir nuestro camino hacia Dios».

Quizá pensemos que perder un trabajo o un fracaso en los negocios nos va a impedir progresar en nuestra carrera. Es posible que estemos convencidos de que una niñez difícil nos impedirá tener relaciones sanas y amorosas. O a lo mejor sentimos que las limitaciones físicas serán un obstáculo para que nos sintamos satisfechos por completo. ¡Esto no sucede en el reino de Dios!

Nada de lo que nos pasa se pierde para Dios. Él usa todo para sus propósitos de construir nuestra vida cuando le damos todas nuestras experiencias a Él.

Esta mañana, dale todo los pesos o estorbos que te impiden ir hacia delante con Dios. ¡Luego observa cómo se convierten en energía que te impulsará fuera de la «fuerza de gravedad» de las malas experiencias hacia el gozo del Señor!

Raíces profundas

Por eso, de la manera que recibieron a Cristo Jesús como Señor,
vivan ahora en él, arraigados y edificados en él, confirmados en
la fe como se les enseñó, y llenos de gratitud.
Colosenses 2:6-7

Un escritor para un periódico local entrevistaba a un granjero sobre los efectos del tiempo reciente en sus cultivos. La lluvia fue abundante y las cosechas de soja y maíz del granjero estaban altas y lozanas.

«Mis cultivos son muy vulnerables ahora», dijo el granjero. Esta declaración sorprendió al periodista. Había planeado enfocar su artículo en la buena cosecha que se esperaba y la prosperidad económica que le traería a la ciudad.

El granjero continuó: «Hasta una sequía corta tendría efectos devastadores».

«¿Por qué?», le preguntó el reportero.

El granjero le explicó que mientras vemos la lluvia frecuente como un beneficio, durante tiempos de lluvia las plantas no se ven obligadas a empujar sus raíces a lo profundo en busca de agua. Las raíces permanecen cerca de la superficie, dejando a las plantas sin preparación para la sequía.

Su cultivo también corría peligro de vientos fuertes y tormentosos. De nuevo, debido a la estructura de raíces superficiales, un viento fuerte le haría perder toda su cosecha en unos pocos minutos.

Algunos creyentes disfrutan una abundancia de «lluvias de bendición» que vienen en la forma de cultos de alabanza, comunión con otros creyentes y tiempos de profunda enseñanza bíblica. Sin embargo, cuando el estrés entra a sus vidas, estos mismos creyentes se desaniman, abandonan a Dios o creen que Él es infiel. ¿Por qué? Sus raíces nunca crecieron más allá de la superficie.

Su vida espiritual es fuerte en la superficie, confiando en otros antes que en el tiempo que pasan con Dios en oración y el estudio de su Palabra. Son sobre todo vulnerables a los fuertes vientos de la adversidad o al calor intenso del estrés.

Solo las raíces que crecen profundas en Dios nos ayudarán a soportar los tiempos difíciles. Haz que tus raíces se profundicen más hoy. Pasa tiempo con el Señor... en la Palabra... y de rodillas.

Reorganízate

Por tanto, ceñid vuestro entendimiento para la acción.
1 Pedro 1:13, LBLA

Algunas veces nuestra rutina diaria se parece más a un surco interminable. Las actividades y las responsabilidades que una vez fueron nuevas y agradables, ahora se han vuelto viejas y agotadoras. ¿Qué puedes hacer para reorganizar las cosas un poco?

Una mujer se hizo esta pregunta una mañana cuando se levantó a la hora de costumbre. Había hecho todo lo necesario para que sus hijos salieran para la escuela y su esposo al trabajo. Ahora estaba sola en la casa, buscando la motivación para enfrentar su día.

Se dijo: *Ya sé lo que haré. Voy a hacer las cosas al revés. En vez de seguir mi horario de costumbre, invertiré el orden.*

Eso significó que lo primero que haría sería preparar la cena. Pensó que se sentiría rara preparando carne y vegetales a las nueve de la mañana, pero se sorprendió del sentido de alivio que sintió al tener esta «tarea» hecha temprano. De algún modo, hizo que el resto del trabajo de la casa y los mandados fueran menos estresantes.

Encontró un poco de tiempo extra para escribir una carta y ponerse un poco al día en su lectura, y para la hora en que los niños llegaron corriendo de la escuela, se sintió mucho más feliz de lo que estuvo en semanas. Hasta pensó en otras formas de agregar variedad a su rutina diaria.

¿Quién dice que tienes que hacer las mismas cosas de la misma forma y a la misma hora todos los días?

¡La Biblia es clara al decirnos que Dios es un Dios de variedad infinita! Aunque sus mandamientos no se negocian, sus métodos cambian a menudo. Esa es parte de su naturaleza como nuestro Creador. El Señor está creando continuamente nuevos métodos para alcanzarnos con su amor y para mostrarnos su cuidado.

¡Sal de tu rutina hoy! Pídele al Señor que te dé pautas sobre cómo podrías participar más de lleno en su proceso creativo haciendo las cosas de forma diferente.

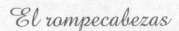

El rompecabezas

Fijemos nuestra mirada en Jesús,
pues de él procede nuestra fe y él es quien la perfecciona.
Hebreos 12:2, DHH

¿Eres aficionado a los rompecabezas?

Si alguna vez has tratado de armar un rompecabezas complicado, sabes tres cosas sobre ellos:

Primero, toman tiempo. Muy pocas personas pueden armar varios cientos de piezas de un rompecabezas con rapidez. Casi todos los rompecabezas grandes toman varios días, aun semanas, para terminarlos. La diversión está en el *proceso*, la satisfacción en el *resultado*.

Segundo, el punto de partida de un rompecabezas es identificar las esquinas y los bordes, las piezas que tienen un lado recto.

Tercero, es divertido armar un rompecabezas solo, pero es más divertido armarlo con otros. Cuando se encuentra una pieza que «cabe justo» entre dos o más piezas, todos los participantes comparten la emoción.

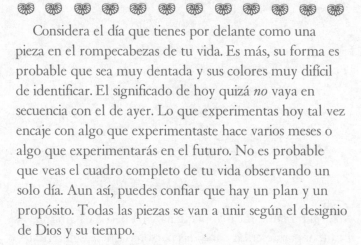

Considera el día que tienes por delante como una pieza en el rompecabezas de tu vida. Es más, su forma es probable que sea muy dentada y sus colores muy difícil de identificar. El significado de hoy quizá *no* vaya en secuencia con el de ayer. Lo que experimentas hoy tal vez encaje con algo que experimentaste hace varios meses o algo que experimentarás en el futuro. No es probable que veas el cuadro completo de tu vida observando un solo día. Aun así, puedes confiar que hay un plan y un propósito. Todas las piezas se van a unir según el designio de Dios y su tiempo.

Algunos días, nosotros encontramos piezas de nuestras vidas con bordes rectos, verdades que se convierten en parte de nuestra razón de ser. Otros días encontramos piezas que encajan juntas, así que entendemos más sobre nosotros mismos y la obra de Dios en nuestra vida. Y todos los días podemos conocer el gozo de compartir nuestra vida con otros e invitarlos a que sean parte del proceso de descubrir quién somos.

Lo principal que debemos recordar es disfrutar el proceso. Vive hoy hasta la plenitud, sabiendo que un día verás el cuadro en su totalidad.

Fe activa

*No dejemos de congregarnos, como acostumbran hacerlo
algunos, sino animémonos unos a otros.*
Hebreos 10:25

Philip Haille fue a la pequeña villa de Le Chambon,
Francia, para escribir sobre las personas que, a diferencia
de otras villas, escondieron a sus judíos de los nazis. Él se
preguntaba qué los motivó a arriesgar la vida para hacer
un bien tan extraordinario.

Entrevistó a personas en la villa y estaba pasmado, no
por sus cualidades extraordinarias, sino por las *ordinarias*.
No eran personas fuera de lo común en cuanto a ser
brillantes, ingeniosas, valientes o inteligentes.

El escritor buscó posibles conexiones entre las vidas de
los ciudadanos a fin de buscar el porqué hicieron lo que
no hizo ninguna otra villa francesa. Al final, el escritor
concluyó que el factor que los unió para hacer el bien fue
la asistencia a su pequeña iglesia.

Domingo tras domingo escuchaban los sermones del
pastor Trochme. Con el tiempo llegaron a ser personas
que sabían lo que era bueno y Dios les dio el valor de
hacerlo. Cuando llegó la hora de actuar con valentía,

como el día en que los nazis llegaron al pueblo, hicieron lo bueno en silencio.

Una anciana fingió un ataque al corazón cuando los nazis llegaron a su casa. Ella le contó a Haille sobre su complot: «El pastor siempre nos ha dicho que llega una hora en cada vida cuando a la persona se le pide que haga algo para Jesús. Cuando llegó mi hora, *supe* lo que debía hacer».

Hubo dos creencias firmes que les dieron a los ciudadanos de esta villa la fortaleza interna de acero. En primer lugar, sabían que la fortaleza espiritual de todos en Cristo era más fuerte que cualquier enemigo que enfrentaran. Aun en tiempos de guerra, no dejaron de reunirse. En segundo lugar, tomaron la Palabra de Dios en sus corazones de una forma activa, sabiendo que Dios los bendeciría cuando los principios de su fe se reflejaran en su comportamiento.

La fortaleza y el valor que Haille descubrió en la gente de Le Chambon fue el resultado de su sencilla obediencia a Dios, de nunca dejar de reunirse para adorar y escuchar la Palabra de Dios. Cuando las dificultades extremas llegaron a su camino, su unidad en la fe era una parte habitual de su vida diaria.

Dale gracias a Dios hoy por una iglesia en la que puedes recibir fortaleza y valor. Si no vas a la iglesia, pídele al Señor que te guíe al cuerpo de creyentes apropiado para ti.

La posición del creyente

Su vida está escondida con Cristo en Dios.
Colosenses 3:3

Se cuenta la historia de un alguacil que decidió que había llegado la hora de mejorar las normas de desempeño de sus ayudantes. Cada uno tuvo que volverse a calificar en el campo de tiro y tuvo que pasar por requisitos más difíciles. El blanco se los puso más lejos, de catorce metros a veinticuatro, y se les pidió a los policías que tiraran doce tiros en dieciocho segundos.

El día antes de las pruebas, al ayudante George Burgin le ajustaron su primer par de lentes trifocales. George se preparó para tirar y dibujó una marca en el blanco para ayudarle a apuntar.

«De pronto», dijo él, «comencé a sudar y se me empañaron los lentes. Allí estaba con una marca en el tablero y todo lo que podía ver era niebla.

»Entonces recordé lo que nuestro antiguo instructor en la Marina nos había enseñado: "Si (por alguna razón) alguna vez pierden de vista el blanco", nos decía, "solo recuerden su posición".

»Así que me mantuve firme en mi posición y disparé lo más rápido posible. Para entonces tenía menos de dieciocho segundos, pero había disparado ya las doce balas. Cuando me quité los lentes y los limpié, descubrí que le había dado al blanco con cada una de las balas»[19].

Algunas veces las circunstancias quizá nos hagan perder de vista nuestro blanco, nuestra meta. No tenemos un sentido claro de hacia dónde vamos. Si ese es el caso, necesitamos hacer lo mismo que el policía Burgin y recordar nuestra posición. Como cristianos, nuestra posición está segura «en Cristo».

Todos los días debemos optar por orientarnos y enfrentar los desafíos del día, cualesquiera que sean. Tenemos la elección de enfrentar las oportunidades del día con entusiasta optimismo nacido de la fe. Cuando lo hacemos, nada puede suceder que nos haga perder de vista nuestra meta. Cuando nuestra «posición» está en Cristo, no podemos perder.

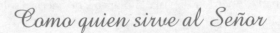

Como quien sirve al Señor

*Sirvan de buena gana, como quien sirve
al Señor y no a los hombres.*
Efesios 6:7

Cuando pensamos en las profesiones más nobles, casi siempre lo hacemos en las que ofrecen servicio, tales como doctores, abogados o maestros. Quizá en la cima de las profesiones de servicio se encuentren los que participen en el ministerio a tiempo completo, los que ayudan a otros en su vida espiritual en el nombre del Señor. Tendemos a tener en un lugar de más honor a los que se comprometen a servir a Dios y a los demás: los pastores, los sacerdotes, los monjes, los misioneros, los evangelistas y los maestros bíblicos.

El ministerio, sin embargo, no se limita a los que se ganan la vida en esto. El ministerio es el llamado y el desafío de Dios para todos los creyentes. El ministerio es darles a otros y vivir la vida *como para el Señor*.

El ministerio pasa en el hogar, en la escuela, en la calle, en la tienda de víveres, en el lugar de reunión de los directores de empresa, en las reuniones de comités y en el gimnasio. Sucede donde y cuando una persona, motivada por el amor de Jesús, lleva a cabo un acto de amor hacia otra persona.

Gandhi escribió una vez:

«*Si cuando metemos nuestra mano en una vasija de agua,*
O atizamos el fuego con los fuelles,
O calculamos interminables columnas de números sobre nuestra mesa de contabilidad,
O, quemados por el sol, estamos en el barro de un campo de arroz,
O estamos de pie al lado del horno del fundidor
No llevamos a cabo la misma vida religiosa como cuando oramos en un monasterio,
el mundo nunca se salvará»[20].

No existe ningún trabajo que no sea noble, excepto el que carece de ministerio. No existe falta de significado en ningún trabajo llevado a cabo con el amor de Dios y que se hace «como quien sirve al Señor».

Cualesquiera que sean las tareas que enfrentas hoy, llévalas a cabo como si las hicieras para el mismo Jesús, ¡pues al fin y al cabo es para Él!

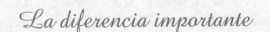

La diferencia importante

Dichosos serán ustedes cuando por mi causa la gente los insulte,
los persiga y levante contra ustedes toda clase de calumnias.
Alégrense y llénense de júbilo, porque les espera una gran
recompensa en el cielo. Así también persiguieron a los profetas
que los precedieron a ustedes.
Mateo 5:11-12

Se construyó para una exposición internacional del
siglo dieciocho y le llamaron «monstruosa» los críticos y
los ciudadanos del lugar. A voz en cuello exigieron que la
derrumbaran en cuanto terminara la exposición a fines de
1889. Sin embargo, desde el instante en que el arquitecto
concibió la estructura, se sintió orgulloso de ella y la
defendió. Sabía que estaba destinada a la grandeza.

Hoy se levanta como una de las maravillas
arquitectónicas del mundo moderno. Se ha convertido en
el monumento principal por el que se reconoce a París,
Francia. Su arquitecto, por supuesto, fue Alexandre
Gustave Eiffel. ¿Su famosa estructura? La torre Eiffel.

Jesucristo fue leal a otra estructura: la Iglesia. Les
confió la edificación de la iglesia a un grupo no muy
prometedor de discípulos, a los que defendió, oró por
ellos y los preparó para que llevaran el evangelio a los

rincones más apartados del mundo. Para los de afuera, es probable que los discípulos de Jesús tuvieran la reputación de ser ignorantes, débiles en lo político, sin preparación religiosa, desorganizados y a veces tontos por completo. Sin embargo, Jesús, el Arquitecto de la Iglesia, sabía que la estructura estaba destinada para la grandeza.

Ser cristiano nunca ha sido «políticamente correcto». Los críticos a través de los años han compilado una lista de nombres para referirse a la iglesia y a sus miembros. A pesar del criticismo, no obstante, se nos instruye a seguir adelante. Debemos ser persistentes para edificar el cuerpo de Cristo hasta su regreso. A medida que edificamos, podemos tener la seguridad de que estamos agradando a Dios y que Él nos bendecirá.

El famoso compositor finlandés Jean Sibelius consoló una vez a un joven músico que había recibido un comentario malo, diciéndole: «Recuerda, hijo, no hay ninguna ciudad en el mundo en la que le hayan erigido un monumento a un crítico».

Jesús dijo: «Edificaré mi iglesia, y las puertas del reino de la muerte no prevalecerán contra ella» (Mateo 16:18). Un día la iglesia será lo único que quede firme. ¿Qué dirán los críticos entonces?

No importa lo que venga a tu camino hoy, ¡enorgullécete de ser un miembro de la Iglesia de Cristo!

En la mañana de un día útil

Por la mañana hazme saber de tu gran amor, porque en ti he
puesto mi confianza. Señálame el camino que debo seguir,
porque a ti elevo mi alma.
Salmo 143:8

La oración frecuente y regular es una parte
importante de la vida de los que desean una relación
significativa con Dios. Juan Wesley, un devoto cristiano y
el fundador del Metodismo, tenía una profunda
preocupación por el «estado de su alma». Debido a esa
preocupación, oraba con regularidad dos horas cada día.
He aquí una de las oraciones de Juan Wesley, que tal vez
quieras incluir en tu tiempo devocional:

Oh Dios, que eres el dador de todos los dones, yo tu
indigno siervo deseo alabar por completo tu nombre
por todas las expresiones de tu bondad hacia mí.
Bendito sea tu amor por darnos a tu Hijo para que
muriera por nuestros pecados, por tu gracia y por la
esperanza de gloria. Bendito sea tu amor por todos los
beneficios temporales que tú con una mano liberal has

derramado en mí; por mi salud y fortaleza, comida y
vestido, y todas las demás necesidades [...] también te
bendigo, después de todos mis rechazos de tu gracia,
porque tú todavía eres paciente conmigo, me has
preservado esta noche y me has dado incluso otro día
para renovar y perfeccionar mi arrepentimiento.

»*P*ermite que tú siempre estés presente en mi mente,
y que tu amor llene y reine en mi alma, en todos esos
lugares, y compañías y trabajos a los que me llamas en
este día. Oh, tú que eres bueno y haces bien, que
extiendes tus misericordias a toda la humanidad, la obra
de tus manos, tu imagen, capaz de conocerte y amarte
eternamente, ayúdame a no marginar a nadie, oh
Señor, de mi caridad, los que son el objeto de tu
misericordia; sino que ayúdame a tratar a todos mis
prójimos con el tierno amor que es propio de tus
siervos y tus hijos. Que tu amor por mí, oh bendito
Salvador, sea el modelo de mi amor por ellos.

»*C*uida a mis padres, a mis hermanos y hermanas, mis
amigos y mis conocidos, y a toda la humanidad en sus
almas y cuerpos. Perdona a mis enemigos, y a tu debido
tiempo, haz que sean amablemente afectuosos hacia mí.
Oh, concédeme que nosotros, con los que ya están
muertos en tu fe y temor, podamos participar juntos de
una resurrección gozosa»[21].

Ama a tus enemigos

*¡Cuán bueno y cuán agradable
es que los hermanos convivan en armonía!*
Salmo 133:1

Tal parece que con el fin de la Guerra Fría, los estadounidenses y los rusos parecen mirarse entre sí de una manera diferente. Imagínate siendo un soldado estadounidense estacionado en Bosnia-Herzegovina, trabajando al lado de sus colegas rusos. ¿Cómo logran trabajar juntos después de décadas de desconfianza?

Los oficiales estadounidenses y rusos a quienes se les hizo esta pregunta estuvieron de acuerdo en que cuando lo analizamos, las personas son personas, y los soldados son soldados. Cuando hay una meta que alcanzar, se encuentra una manera de comunicarse. La misión se mantiene en el foco, se establecen las reglas básicas, se vencen las barreras del idioma, se descubren los intereses mutuos y, al poco tiempo, ¡se desarrollan amistades!

Sin duda, los cristianos de la iglesia pensaban que tenían un enemigo en Saulo de Tarso y el sentimiento era mutuo. Saulo era muy activo en su persecución de los cristianos en Jerusalén y estaba decidido a darles el mismo trato duro a los creyentes en Damasco. Entonces, Jesús se le apareció y su vida cambió de manera espectacular.

Los creyentes de Damasco sospechaban de Saulo hasta que se les apareció y les declaró que él también era creyente en Jesucristo. Cuando vieron la forma en que vivía, Dios cambió sus corazones de forma notable. Al final, el apóstol *Pablo* llegó a ser un ferviente amigo de los creyentes en todos lados.

¿Has estado en una «guerra» secreta con un vecino o compañero de trabajo? A partir de hoy, haz un esfuerzo para encontrar algunas cosas comunes con esa persona. Sonríe cuando tus instintos te dicen que hagas una mueca de disgusto. Mantente enfocado en tus metas y cumple las reglas principales cuando trabajas o realizas trabajos voluntarios junto a esa persona. Habla con ella. Busca pasatiempos, preocupaciones o intereses familiares que tengan en común. Comienza a tratar a esa persona igual que a un amigo, no a un enemigo. Después de todo, lo agradable comienza cuando tu enemigo deja de serlo.

La Biblia dice que ames a tus enemigos y que ores por los que te persiguen y te insultan y, al hacerlo, ascuas de fuego amontonarás sobre la cabeza de esa persona. (Véase Romanos 12:20, RV-60). ¡Las ascuas de fuego son bendiciones! ¡Cuando siembras bendiciones, recoges bendiciones!

¿Qué estilo de vida?

Porque tanto amó Dios al mundo, que dio a su Hijo
Juan 3:16

La expresión «estilo de vida» ha sido popular durante muchas décadas. En términos simples, esta expresión quiere decir la forma en que vivimos desde un punto de vista financiero, las posesiones que decidimos comprar y cuánto dinero tenemos para gastar.

Mucho se está escribiendo en estos días sobre la vida sencilla: vivir usando menos recursos. Al mismo tiempo, vemos una exaltación continua en nuestra cultura de todo lo que es «excesivo». Como nación, a los estadounidenses nos gusta observar los estilos de vida de los ricos y famosos. Los envidiamos. Cada pocos minutos los anuncios publicitarios en la televisión nos dicen que compremos más y mejores posesiones.

Los dos caminos: uno hacia una vida material con menos cosas, y el otro hacia una vida material más amplia, son como las vías opuestas en una carretera.

❀ ❀ ❀ ❀ ❀ ❀ ❀ ❀ ❀ ❀ ❀ ❀

Procuramos simplificar y vivir con menos, o adquirir cosas y agregar.

Las Escrituras no nos llaman al estilo de vida espartano ni al de la opulencia, sino más bien a un estilo de vida generoso, una vida sin codicia ni acaparamientos. Una vida de dar con libertad, una vida en la que ponemos todo lo que tenemos a la disposición de Dios. Nuestro estilo de vida no se relaciona con cuánto ganamos, ni dónde vivimos ni a dónde viajamos. Está relacionada en *cómo* nos relacionamos con otras personas y si estamos dispuestos a compartir lo que tenemos con ellas.

En *Visions of a World Hungry*, Thomas G. Pettepiece ofrece esta oración: «Señor, ayúdame a escoger un estilo de vida más sencillo que promueva la solidaridad con los pobres del mundo [...] me dé una mayor oportunidad para trabajar junto a mis vecinos».

A medida que tocas tus varias posesiones durante el día, desde los aparatos eléctricos en tu casa hasta tu ropa y tu vehículo, pregúntate: «¿Estaría dispuesto a prestar, a dar o a compartir esto con otras personas?». Luego pregúntate algo más difícil aun: «¿Comparto en realidad, o presto o doy de lo que tengo con otras personas en forma regular?».

Una combinación perfecta

Ustedes son la sal de la tierra. Pero si la sal se vuelve insípida,
¿cómo recobrará su sabor? Ya no sirve para nada, sino para que
la gente la deseche y la pisotee.
Mateo 5:13

El sodio es un elemento muy activo que siempre se une a otro elemento.

El cloro es un gas venenoso.

Cuando se combinan, el cloro estabiliza el sodio y este neutraliza el veneno del cloro.

El resultado: el cloruro de sodio, la sal común de mesa, una sustancia altamente estable usada durante siglos para preservar la carne, dar gusto y, antes de la medicina moderna, limpiar y curar heridas.

Para un cristiano, el amor y la verdad pueden ser como el sodio y el cloro. Ambos son elementos esenciales en la vida de un creyente, pero perseguir uno sin el otro puede ser incontrolable y hasta peligroso.

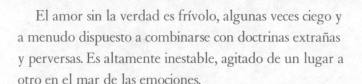

El amor sin la verdad es frívolo, algunas veces ciego y a menudo dispuesto a combinarse con doctrinas extrañas y perversas. Es altamente inestable, agitado de un lugar a otro en el mar de las emociones.

Por otro lado, la verdad por sí sola puede ser ofensiva, algunas veces hasta venenosa. Hablada sin amor, puede apartar a la gente de Dios. Puede herir, aun matar, el anhelo de una persona por la satisfactoria presencia del Padre celestial.

Cuando la verdad y el amor se combinan en un individuo o en una iglesia, sin embargo, podemos tener lo que Jesús llamó «la sal de la tierra». Podemos sanar a los que tienen heridas espirituales, preservar y alentar lo mejor en cada uno, y hacer resaltar el fervor personal y los dones únicos de cada persona.

Hoy mientras te relaciones con otros, procura dejar que tus palabras y acciones se *basen en la verdad* y se *entreguen con amor*.

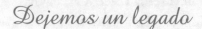

Dejemos un legado

Firme está, oh Dios, mi corazón;
¡voy a cantarte salmos, gloria mía!
Salmo 108:1

William Congreve dijo: «Solo la música combinada con encanto logra ceñir al sentido errante o calmar la mente atribulada». Walter Turnbull, fundador del coro de niños varones de Harlem, añadiría que la música es capaz de cambiar la vida de un niño.

El éxito del trabajo de Turnbull está bien documentado. De forma sorprendente, noventa y ocho por ciento de los miembros de su coro terminan la secundaria y asisten a la universidad. Aun así, lo que es más importante, se benefician de la enseñanza de Turnbull. Una saludable dosis de antiguos valores se mezcla con la música que enseña: la clase de valores que Turnbull aprendió de niño en la zona rural de Misisipí.

Cree que el sentido de comunidad de los Estados Unidos está desapareciendo, y espera grabar en los miembros de su coro la importancia de cuidarse unos a otros para destacarse. Por veintiséis años, este hombre ha demostrado este principio a sus alumnos llevándolos alrededor del mundo: a Europa, Japón, Canadá y el Caribe. Con una lista actual de cuatrocientos cincuenta niños y niñas, con edades que oscilan entre los ocho a los dieciocho años, no es algo sin importancia. No obstante, los números y las edades no tienen importancia para Turnbull. El carácter sí lo es. Su satisfacción viene de saber que los miembros de su coro están aprendiendo a ser mejores personas.

La mayoría de nosotros quisiéramos dejar la misma clase de legado que Walter Turnbull está dejando en el mundo. Lo que debemos reconocer es que él no creó el coro de cuatrocientos cincuenta miembros en un día. Comenzó donde estaba con un pequeño grupo de niños de su vecindario en el sótano de una iglesia. No tenía dinero para togas de coro ni para música. Con todo, tenía el deseo de presentarles a esos niños el gozo de la música.

Haz lo que puedas, donde estás y con las personas que Dios ha puesto en tu camino ahora mismo. Hoy. Sin importar la forma en que ayudes a los demás, pondrás una canción en su corazón.

El líder del grupo

*Las cosas pasadas se han cumplido, y ahora anuncio cosas
nuevas; ¡las anuncio antes que sucedan!*
Isaías 42:9

No es fácil ser dueño de un negocio pequeño. Cuando
comienzas a tener una buena clientela, llega un hábil
competidor que te copia tu estilo o mejora tus métodos.
Lo siguiente es que ves disminuir tus entradas y te pones
a vigilar tratando de evitar que te perjudique otra ola de
oportunistas.

Un hombre que vivía en la costa oeste de los Estados
Unidos se encontró en esta situación. Su primera empresa
fue en la línea de la pesca comercial. Cuando grandes
compañías prácticamente se apoderaron de las aguas, él
comenzó a alquilar pequeños veleros y kayaks a la gente
que quería explorar la bahía. Muy pronto, otros que tenían
socios más adinerados comenzaron también esa línea.

De nuevo, necesitaba una nueva idea.

¿Y si comenzaba a hacer giras submarinas? Después de
una investigación, se dio cuenta de que el costo de

comprar y mantener un submarino estaba fuera de sus posibilidades. Sin embargo, ¡un barco semisumergible con vista al océano no lo estaba! La embarcación se parece a un submarino, pero no se sumerge. Los pasajeros pueden ir debajo de la cubierta y observar la fascinantes vida debajo del mar[22].

Cuando tus entradas parecen irse con la marea, tal vez debas ser un poco creativo. Habla con otras personas, investiga, considera aun las ideas «locas» y saca lo que puedas de ellas. Tú no sabes cuál es la ola que te puede llevar a salvo hasta la orilla provechosa.

La obra creativa de Dios no terminó con su creación del mundo. Él sigue su obra hoy al darnos a cada uno una dosis de creatividad. Nos invita a ser parte de su plan y propósito para la tierra al usar esta energía creativa. Sus ideas son el don de Dios para su provisión, prosperidad y el cumplimiento de su propósito en la vida.

Pídele al Señor que te inspire de una forma nueva hoy. ¡Pídele que te dé su siguiente *idea* para tu vida!

Cuando se alimenta a los pobres

Dichosos los pobres en espíritu,
porque el reino de los cielos les pertenece.
Mateo 5:3

Un día se le pidió a un joven ejecutivo que les dijera a sus compañeros de trabajo cómo se sentía en cuanto a su participación en el programa voluntario de la compañía de «alimentar a los pobres». Hacía un tiempo una vez a la semana por la mañana temprano para servir sopa y sándwiches a casi cuatrocientos desamparados y gente de la calle en su ciudad. El joven dijo esto:

«*Voy los martes a darles de comer a los que llamamos pobres y, en efecto, son pobres en cosas materiales. Algunos de ellos son pobres de muchas maneras y también tratamos de ayudarlos con aliento, consejos y, en ocasiones, una palabra de oración. Sin embargo, de muchas maneras, esos hombres y mujeres hambrientos me han alimentado en algo: me han hecho más consciente de la parte espiritual de mi vida y me han guiado a darme cuenta de que nosotros nos* "alimentamos" los unos a los otros de muchas formas cada día, ya sea con nutrición buena para el alma o veneno.

»*T*engo una nueva comprensión de que cuando voy a casa y elogio con sinceridad a mi esposa, o me siento para leerle una historia a mi hija o jugar a la pelota con mi hijo, estoy alimentando algo dentro de ellos. Ya no me veo como parte del equipo que da alimentos los martes por la mañana, sino como un voluntario que lo hace las veinticuatro horas del día».

¿A quiénes alimentarás hoy?

¿Y con qué los vas a alimentar?

La madre Teresa escribió en *A Gift for God*: «La gente está hambrienta por algo más bello, por algo mayor que le pueda dar la gente a su alrededor. En el mundo actual hay una gran hambre por Dios. En todos lados hay mucho sufrimiento, pero también hay mucha hambre por Dios y amor los unos por los otros».

Hoy te encontrarás con personas que tienen *hambre*, exterior e interior. Dios te ha equipado de maneras únicas para que las «alimentes» con comida natural así como con su Palabra, su amor y su presencia. Dios te invita a participar como voluntario en *su* programa de alimentación.

Cuando se lleva fruto

*Reflexiona sobre estas cosas; dedícate a ellas, para que tu
aprovechamiento sea evidente a todos.*
1 Timoteo 4:15, LBLA

Dos hermanos caminaban por la gran hacienda de su
padre cuando llegaron a un melocotonero, con sus ramas
cargadas de fruta. Cada hermano comió varios
melocotones jugosos y maduros.

Cuando se dirigían hacia la casa, un hermano recogió
suficientes melocotones para un delicioso pastel y varios
frascos de mermelada. El segundo hermano cortó una
rama del árbol para plantar un nuevo melocotonero.
Cuando llegó a casa la cuidó con esmero hasta que la
plantó fuera. La rama prendió y al final dio muchas
cosechas de melocotones para disfrutar cada año.

La Biblia es como el árbol que lleva fruta. Escuchar la
Palabra de Dios se puede comparar al primer hermano.
Recogió fruta cuando escuchó la Palabra y tuvo lo
suficiente como para llevar a su hogar y comerlas más

tarde. Sin embargo, eso no se compara con tener su propio árbol de melocotones en el patio. La memorización de la Palabra de Dios es como tener el árbol frutal en el patio de uno. Está allí para darnos siempre nutrición.

A menudo, la memorización de la Escritura se considera una tarea aburrida y pesada. Aun así, ¡nos motivaríamos mucho si nos dieran cien dólares por cada versículo que aprendiéramos de memoria! Las recompensas de memorizar las Escrituras tal vez no sean siempre monetarias, pero son un tesoro mucho mejor para la vida.

Uno de los mayores valores de memorizar la Escritura es que nos guarda del pecado. En el Salmo 119:11 (LBLA) el salmista escribió: «En mi corazón he atesorado tu palabra, para no pecar contra ti».

Para muchas personas, la mañana es la mejor hora para memorizar la Escritura porque uno tiene la mente fresca, alerta y libre de distracciones. Hay muchas formas de memorizar pasajes bíblicos. Busca la que te resulte mejor y comienza a atesorar la Palabra de Dios en tu corazón para que te traiga vida *continua* y alimento a tu alma. Esto producirá fruto en tu vida que puedes compartir con otros[23].

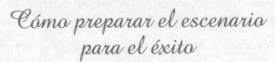

Cómo preparar el escenario para el éxito

¡No tengas miedo ni te desanimes! Porque el SEÑOR tu Dios te acompañará dondequiera que vayas.
Josué 1:9

Una prometedora cantante se enfrentó a una gran audición. Sola en el cuarto de su hotel y lejos de su hogar, estaba entusiasmada por la oportunidad, pero también temía fracasar. *Si no consigo este trabajo*, se dijo, *es probable que nunca consiga otra audición*.

Quizá te has sentido igual ante una entrevista de trabajo, pensando que si no conseguías el trabajo, tal vez nunca encontrarías otro. A veces, todos caemos en el pozo del desánimo. Simplemente no logramos ver otra opción que la que tenemos delante. He aquí cómo la cantante eliminó esta manera de pensar.

El día de su audición tomó una revista a la hora del desayuno y leyó un artículo sobre Gari Kasparov, un gran jugador ruso de ajedrez. Había estado participando en un partido de varios meses de duración con Anatoli Karpov, el campeón mundial. Kasparov estaba perdiendo, pero no cedía. Peleó duro, recuperó el terreno perdido y al final ganó la partida.

La joven cantante se inspiró. *Si él lo pudo hacer, ¡yo también!*, pensó. Con confianza, esa tarde caminó al escenario y cantó de todo corazón. Esa audición la guió al primero de muchos trabajos. Le infundió nueva vida a su carrera.

Es fácil perder la fe en la habilidad de tener éxito. No obstante, si miras a tu alrededor, encontrarás a alguien que ha triunfado contra todo pronóstico. Aun si no encuentras un ejemplo vivo en tu círculo de amistades de algún héroe que invirtió el fracaso o venció dificultades, sin duda puedes encontrar uno en las Escrituras.

La Biblia está llena de historias de hombres y mujeres que al parecer tenían enormes desventajas y que vencieron por medio de la *ayuda de Dios*. Permite que el ejemplo de esa persona te inspire. El mismo Dios que los ayudó a ellos está presente y quiere ayudarte ahora.

¿La voluntad de quién?

No sea lo que yo quiero, sino lo que quieres tú.
Mateo 26:39

Una cristiana le confió una vez a una amiga que le resultaba casi imposible orar: «Hágase tu voluntad». Temía lo que el Señor quizá la llamara a hacer. En forma muy específica, temía que la llamara a un pantano infestado de serpientes a llevarles el evangelio a nativos que cortan cabezas. Como madre de una niña pequeña, no podía soportar la idea de que Dios la podía llamar a dejar su hija y sacrificar su vida en el campo misionero.

—Imagínate —le dijo su amiga—, que tu hijita viniera a ti mañana por la mañana y te dijera: "Mami, he decidido que a partir de ahora voy a dejar que hagas lo que quieras con mi vida. Siempre te voy a obedecer y voy a confiar en ti por completo de que vas a hacer lo que es mejor para mí". ¿Cómo te sentirías?

—Pues me sentiría muy bien —respondió la mujer—. La cubriría de abrazos y besos y haría todo lo que está a mi alcance para darle las cosas que son buenas para ella, y la ayudaría a encontrar sus talentos y usarlos al máximo.

—Bueno —le respondió la amiga—, así se siente el Señor como tu Padre celestial. Su voluntad va a ser mucho mejor que ninguna cosa que hayas imaginado, no será mucho peor.

La voluntad de Dios para Jesús no terminó con el dolor y el sufrimiento de la cruz. El «fin» de la voluntad de Dios para Jesús fue su gloriosa resurrección de los muertos, su ascensión al cielo, el estar sentado a la diestra del Padre y su exaltación como Rey de reyes y Señor de señores para siempre.

Como escribiera Hannah Whitall Smith: «Mejor y más dulce que la salud, o los amigos o el dinero o la fama o la vida fácil o la prosperidad, es la adorable voluntad de nuestro Dios. Alumbra las horas más oscuras con un halo divino, y baña de la brillante luz del sol los senderos más sombríos [...] es solo un glorioso privilegio».

Que tu oración hoy sea: «Hágase tu voluntad, Señor». ¡Y luego ve qué cosas *buenas* Dios tiene para que experimentes!

Acuérdate de Dios

Elijan ustedes mismos a quiénes van a servir.
Josué 24:15

En cierta ocasión, un rabino llamó a toda la gente de la ciudad para una reunión en la plaza a fin de hacerle un anuncio importante. A los comerciantes les disgustó tener que dejar sus negocios. Los granjeros no podían ver cómo iban a dejar sus campos. Las amas de casa protestaron por tener que dejar sus quehaceres. Sin embargo, obedientes al llamado de su líder espiritual, la gente del lugar se reunió para escuchar el anuncio que su maestro sentía que era tan importante en ese momento.

El rabino dijo: «Quiero anunciar que hay un Dios en el mundo». Y con eso, se marchó.

La gente guardó silencio, sorprendida, pero no desconcertada. Entendieron lo que les dijo, con una comprensión nacida de una profunda convicción. Se dieron cuenta de que habían estado actuando como si Dios no existiera. Mientras que habían estado observando los rituales y pronunciando el orden adecuado de las oraciones, sus acciones no cumplían los mandamientos de Dios. Buscaban su pan diario y lo recibían con poca o ninguna reverencia hacia Dios.

Quizá no neguemos a Dios abiertamente, pero tratamos de confinarlo a algún rincón remoto de nuestra vida. Lo mantenemos alejado de nuestras tareas diarias, asociaciones, obligaciones, experiencias, gozos, aflicciones y todas las cosas comunes y corrientes que se requieren para mantener el cuerpo y el alma funcionando. El hecho, sin embargo, es:

- *Hay un Dios en el mundo que llamas tu vecindario.*
- *Hay un Dios en el mundo que llamas tu lugar de trabajo.*
- *Hay un Dios en las oficinas que frecuentas, los hospitales que visitas, los aeropuertos por los que viajas, los lugares en que haces tus compras y las docenas de lugares en los que caminas en el curso de una semana.*
- *Hay un Dios... y Él quiere ser una parte de todo lo que haces.*

Reconoce que Él está contigo *dondequiera* que vayas hoy. El conocimiento de que a Él le interesa cada detalle de tu vida te traerá gozo y paz a cada experiencia.

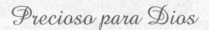

Precioso para Dios

Te amo y eres ante mis ojos precioso y digno de honra.
Isaías 43:4

Una mujer joven llamada Julia se ofreció de voluntaria en una agencia de una iglesia que trabajaba con los pobres y desamparados de su ciudad. Un día Julia conoció a Jorge, quien fue para conseguir alguna ayuda. El invierno estaba cerca y necesitaba una chaqueta y zapatos para protegerse del frío.

El hombre se sentó en la capilla porque la sala de espera estaba llena de gente y de ruidos. Cuando indicó que quería una Biblia, Julia fue a buscar una, mientras él esperaba su turno en el lugar que repartían la ropa. Al regresar con la Biblia, se sentó a hablar con él por unos minutos.

Jorge parecía tener unos cincuenta y tantos años de edad o casi sesenta. Su cabello comenzaba a encanecer. Su rostro lo marcaban profundas arrugas. Sus manos estaban rígidas y había perdido parte de un dedo. Era la una y media de la tarde y tenía un ligero olor a alcohol. Era un hombre bajo y delgado que hablaba con suavidad. Fue solo a la agencia y Julia se preguntaba si tenía familia o alguien que lo conociera y se preocupara por él.

Julia escribió el nombre de Jorge en la Biblia y la fecha. Luego le mostró las ayudas de estudio en la parte de atrás que le ayudarían a encontrar pasajes clave.

Mientras hablaban, un pensamiento le vino a la mente a Julia: *Jorge es una de las criaturas muy preciosas de Dios*. Se preguntaba si Jorge lo sabría. También se preguntaba cuánto tiempo hacía que alguien le dijera eso. ¿Y qué si nunca nadie le había dicho que era precioso para Dios y para todos los demás hijos de Dios también?

Jorge tenía muy poca influencia o posición, pero Dios le habló a Julia ese día por medio de él: «Mis hijos necesitan saber que son preciosos para mí. Por favor, díselos». Desde aquel día, ella ha hecho que ese mensaje sea parte de cada encuentro que tiene en la agencia de la iglesia.

Pregúntale al Señor cómo puedes darles el mensaje a otros de: «Tú eres precioso para Dios», mediante tus palabras y acciones.

Cuando se deja el nido

El SEÑOR afirma los pasos del hombre cuando le agrada su
modo de vivir; podrá tropezar, pero no caerá.
Salmo 37:23-24

emplumecer. 1. (verbo intransitivo).
Dicho de un ave: Echar plumas.

Quizá han pasado un par de décadas, o tal vez solo un
par de años, desde que «dejaste el nido» de manera
oficial. Tu destino quizá fuera la universidad, un trabajo o
el matrimonio. Si tus padres eran como la mayoría, sin
duda estaban emocionados, tristes y aterrorizados, todo a
la vez, ante la perspectiva de que dejabas su cuidado
protector.

Los biólogos se pueden relacionar a esos sentimientos
paternales, en especial cuando se trata de halcones
peregrinos. En la actualidad, es probable que estas aves
construyan sus nidos tanto en puentes y rascacielos como
en los acantilados. Cuando los polluelos de halcón
«emplumecen» en una zona urbana, tienen menos lugar
para practicar sus vuelos y por eso su primer vuelo oficial
algunas veces es su último vuelo. Los cables, las ventanas,
las calles y las aceras pueden ser lugares de aterrizaje
mortales[24].

Para un biólogo, cuyo trabajo es estudiar estas maravillosas aves, cada polluelo que pierden es algo devastador. Sin embargo, los polluelos morirán si no intentan volar y al final eso significaría la extinción para los halcones. El riesgo tiene la posibilidad del fracaso, pero no arriesgarse significaría la muerte segura.

Nosotros los humanos a menudo pasamos años preparándonos para el futuro, obteniendo títulos, practicando nuestro oficio, buscando oportunidades. Entonces, a la larga, llega el día cuando tenemos que enfrentar el mundo, incluyendo la posibilidad del fracaso.

El pensamiento de que quizá no tengamos éxito en nuestro intento no debería hacer que no tratáramos de volar. No solo nuestro futuro es lo que está en juego, sino que desde una perspectiva más amplia, lo que está en juego es el futuro crecimiento y desarrollo del género humano. Nuestra contribución, aunque sea pequeña, es parte de un todo mucho mayor.

Como cristianos, debemos vivir aventuras de fe por nuestra cuenta y para llevar adelante el reino de Dios. Sin embargo, como hijos de Dios, tal vez fallemos de momento, pero Dios nos asegura la victoria final.

Si tropiezas o cometes un error hoy, recuerda Quién está allí para impedir que caigas y lograr que sigas adelante. Dios tiene un plan maravilloso y fantástico para tu vida (véase Jeremías 29:11), y mientras sigas al Señor, ¡nada de lo hagas lo puede arruinar!

El cuadro general

Voy a prepararles un lugar. Y si me voy y se lo preparo, vendré
para llevármelos conmigo. Así ustedes estarán donde yo esté.
Juan 14:2-3

Durante la Segunda Guerra Mundial, se hacían miles
de paracaídas en fábricas en todos los Estados Unidos.
Desde el punto de vista de los trabajadores, el trabajo era
aburrido. Requería coser cantidades sin fin de tela sin
color, inclinados sobre una máquina de coser de ocho a
diez horas diarias. El resultado de un día de trabajo era
un montón de tela sin forma que no se parecía en nada a
un paracaídas.

A fin de mantener al personal motivado y preocupado
con la calidad de su trabajo, los gerentes de una de esas
fábricas tenían una reunión con sus obreros todas las
mañanas. Se les informaba a los trabajadores el número
aproximado de paracaídas que habían usado los pilotos,
copilotos y otro personal de vuelo el día anterior. Sabían
con exactitud cuántos hombres saltaron de un avión
averiado para salvar la vida. Los gerentes animaban a los
trabajadores a que vieran «el cuadro general» en su
trabajo.

Como una segunda forma de motivación, a los obreros se les pedía que se hicieran un cuadro mental de un esposo, hermano o hijo que quizá se salvara por el paracaídas que ellos cosían.

¡El nivel de calidad que se registró en esa fábrica fue uno de los más altos![25]

No dejes que el tedio de las tareas diarias y las responsabilidades te cansen de tal modo que no veas las «puntadas» que tienes delante. Mantén los ojos en el cuadro general. Enfócate en el porqué haces lo que haces y en quién se beneficiará de tu trabajo, incluyendo los que no conoces y que tal vez nunca llegues a conocer. Quizá no tengas la respuesta a la pregunta: «¿Por qué estoy aquí?», pero puedes tener la confianza de que Dios la tiene.

Al fin y al cabo, la Biblia nos dice que vamos a estar en el cielo por la eternidad... y ese es el mayor cuadro general de todos. Dios nos está preparando para el cielo, al igual que Él está preparando el cielo para nosotros. Dios nos está creando para que seamos las personas que quiere que seamos para vivir con Él para siempre.

Cualesquiera que sean las tareas mundanas o las cosas triviales que tengas que hacer hoy, míralas a la luz de la eternidad. ¡Van a adquirir un significado nuevo por completo!

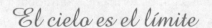

El cielo es el límite

Porque mi yugo es fácil, y ligera mi carga.
Mateo 11:30, RV-60

La gente a menudo teme que la entrega a Jesucristo significa una interminable lista de «no» y «no cometas».

Las personalidades muy motivadas son sobre todo vulnerables a la mentira de que Dios siempre restringirá su creatividad y crecimiento. Temen que quizá nunca logren alcanzar su pleno potencial si se atan a muchas restricciones religiosas.

Es triste, pero algunas de las personas más inteligentes del mundo nunca alcanzarán su pleno potencial porque *no están* atadas a Jesús. Lo mismo es cierto para quienes ven los mandamientos como «que les quitan todas las cosas divertidas». El hecho es que el verdadero y duradero gozo viene a través de conocer a Jesús y seguirlo.

Considera esto: Has observado a una cometa volar en el viento. ¿Dirías que el cordel que la sostiene es una carga pesada? No, está allí para controlar la cometa. La cometa no va a volar a menos que esté asociada al cordel. El cordel y la cometa van juntos en yugo. No puedes cortar el cordel y esperar que la cometa vuele alto hacia el cielo. Cuando se corta el yugo restrictivo del cordel, tal vez parezca que la cometa vuela libre por un momento, pero pronto caerá al suelo.

El cordel le da a la cometa dirección y propósito al sostener su posición contra el viento y usarlo para su beneficio. Sin el cordel, la cometa estaría a la misericordia de cualquier influencia que pasara por el lugar, y sin duda que terminaría atrapada en un árbol o en el suelo. Cuando llega el momento de que la cometa regrese a tierra, el cordel la trae con suavidad, evitando las ramas de los árboles y los postes telefónicos.

Asimismo, nuestra entrega diaria al Señor Jesucristo no es pesada, ni tampoco nos impide disfrutar de la vida. Como el cordel de la cometa, Él se asegura que el viento esté a nuestro favor y de que siempre estemos en la posición de obtener lo máximo de la vida.

Deja que Jesús sea «el cordel de tu cometa» hoy, ¡y fíjate si no vuelas más alto!

La raíz primaria

¡Gracias al Todopoderoso, que te bendice!
¡Con bendiciones de lo alto! ¡Con bendiciones del abismo!
Génesis 49:25

El arte de criar árboles en miniatura, conocido como
«bonsái», lo desarrollaron los japoneses. Para crear un
árbol en miniatura, se corta la raíz primaria, forzando al
árbol a vivir solo de la nutrición provista por las pequeñas
raíces que crecen a lo largo de la superficie de la tierra. El
árbol vive, pero no crece. Los árboles que se dejan enanos
de esta forma solo crecen hasta una altura de treinta a
cuarenta y cinco centímetros.

La raíz primaria de un árbol es parte del sistema de
raíces que crece a lo profundo de la tierra para absorber
minerales esenciales y enormes cantidades de agua;
algunas veces varias cientos de litros al día. Las raíces
primarias crecen muy hondo en la tierra seca y arenosa
donde llueve muy poco. El sistema de raíces de un árbol
no solo nutre el árbol, sino que también le provee
estabilidad, anclándolo con seguridad en la tierra a fin de
que no lo derriben los vientos fuertes.

El sistema de raíces es una buena analogía para la vida cristiana. Richard J. Foster escribió: «La superficialidad es la maldición de nuestra época [...] La necesidad desesperada hoy en día no es tener un gran grupo de personas inteligentes, ni de personas dotadas, sino de personas profundas».

¿Cómo los cristianos crecen profundo en su vida espiritual? De la misma forma que una raíz primaria: en busca de los nutrientes que la harán crecer. En la cultura moderna, los cristianos tienen que buscar alimento espiritual que resultará en madurez espiritual. Los tiempos regulares de oración y estudio bíblico, adoración individual y corporativa, servicio a los demás y compañerismo cristiano son solo algunas de las formas en que los cristianos pueden desarrollar raíces profundas.

¿Cuáles son los beneficios de la profundidad en nuestra vida espiritual? Como el árbol...

- *lograremos mantenernos firmes: «La raíz de los justos no será removida» (Proverbios 12:3, RV-60), y*
- *daremos fruto: «La raíz de los justos da fruto» (Proverbios 12:12, LBLA).*

Busca al Señor cada día para crecer *profundo* en tu fe y resistir las tormentas de la vida.

Un nuevo día

Las cosas viejas pasaron; he aquí, son hechas nuevas.
2 Corintios 5:17, LBLA

En las primeras horas de la mañana, el día yace ante nosotros como un lienzo sin pintar. Sus horas aún no se han manchado con el sudor, el sufrimiento, el dolor ni los suspiros. No están dañadas con lágrimas ni sangre. Tampoco se han contaminado con la preocupación, la frustración ni el conflicto. No están salpicadas con gritos, alaridos ni lamentos. ¡El día que tenemos delante contiene promesas y potencial!

Imagínate por un instante que estás de pie, al lado de un lago en una montaña, con un cielo azul oscuro y el calor de los rayos del sol que comienzan a disipar la niebla del agua. En un momento así, el mundo parece dormir; hay una quietud natural que habla de pureza y fuerza.

Lo mismo nos pasa a nosotros. En las primeras horas de la mañana estamos en nuestros momentos más puros y

fuertes. Es entonces cuando le deberíamos pedir al Señor
que nos mantenga así por el resto del día. Mary S. Edgar
capta esta idea en su himno titulado: «God, Who
Touchest Earth with Beauty». Haz tuyo este himno hoy:

Dios, que tocas la tierra con belleza,
Renueva mi corazón hoy;
Con tu Espíritu créame de nuevo,
Puro, fuerte y fiel.
Como los arroyos y las corrientes
Hazme cristalinamente puro;
Como tus rocas de majestuosa grandeza
Hazme fuerte y seguro.
Como las olas que danzan a la luz del sol
Hazme libre y feliz;
Al igual que los pinos se yerguen,
Ayúdame a estar erguido.
Al igual que los arcos de los cielos
Eleva mis pensamientos a ti;
Vuelve mis sueños en nobles acciones,
Ministros de amor.
Dios, que tocas la tierra con belleza,
Renueva mi corazón;
Mantenme siempre, por tu Espíritu,
Puro, fuerte y veraz. Amén[26].

¡Mira por dónde vas!

*¿No saben que en una carrera todos los corredores
compiten, pero solo uno obtiene el premio?
Corran, pues, de tal modo que lo obtengan.*
1 Corintios 9:24

El 6 de marzo de 1987, el irlandés Eamon Coughlan,
campeón mundial de los mil quinientos metros lisos,
competía en la eliminatoria para los Campeonatos de
Pistas bajo techo en Indianápolis. Cuando solo le faltaban
dos vueltas y media, otro corredor tropezó con él por
accidente. Coughlan cayó al suelo, pero con gran esfuerzo
logró levantarse, se sacudió el golpe repentino en su
cuerpo y siguió corriendo. Con un enorme esfuerzo logró
alcanzar a los líderes. En forma sorprendente, cuando
solo le faltaban veinte metros para finalizar la carrera, se
encontraba en tercer lugar, una posición lo suficiente
buena como para calificar para las finales.

En ese momento, el hombre miró por encima del
hombro hacia el centro. Cuando no vio a nadie, aminoró
el paso. Para su gran sorpresa, otro corredor que venía a

toda velocidad por fuera, lo pasó cuando solo faltaba un metro para llegar a la meta, eliminándolo así de participar en la carrera final. El enorme esfuerzo de recuperación de Eamon Coughlan fue inútil porque quitó los ojos de la meta y supuso que su carrera seguiría sin otros desafíos.

Hoy vas a enfrentar muchas distracciones que tienen el potencial de desviar la atención de tus metas. Algunas de esas distracciones serán la variante de varios tropezones pequeños en el camino: cosas menores, molestias que se vencen enseguida a lo largo de tu ruta.

Otras pueden ser de la clase que te hacen tropezar y caer, las que amenazan en serio tu progreso si no te levantas y te pones en movimiento. Aun así, la distracción más grave que amenaza tu meta es la que no parece una amenaza: la variante que dice lo tengo todo bajo control, así que tranquilízate. Esta te obliga a mirar por encima del hombro, a disminuir el ritmo y quitar tus ojos de la línea de llegada.

El consejo que te dieron en la niñez sigue teniendo validez hoy: «¡Mira por dónde vas!».

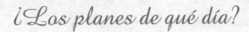

¿Los planes de qué día?

¿Acaso creen que esos planes los hice sin pensarlo bien?
2 Corintios 1:17, TLA

Uno de los desafíos de nuestras ocupadas vidas de hoy en día es ser organizado, así podemos «hacerlo todo». Hay un buen número de agendas electrónicas y calendarios para ayudarnos a programar las preciosas horas del día. Los localizadores y los teléfonos móviles nos comunican al instante con cualquiera en cualquier lugar. ¡Ya no podemos apartarnos de todo porque ahora podemos llevarlos con nosotros!

Algunas veces necesitamos que nos desafíen a no «hacerlo todo», sino a disminuir la velocidad y reflexionar en qué tratamos de lograr. Aun así, debemos estar seguros de que vamos por el buen camino con la familia, el trabajo, la iglesia, la comunidad y la vida personal.

Si no tenemos cuidado y oramos, quizá veamos que estamos de acuerdo con el filósofo de nuestra era moderna que dijera: «Qué importa que gane la carrera de ratas, ¡tú sigues siendo una rata!».

Dios tiene un «planificador diario» diferente. El salmista escribió sobre esto en el Salmo 105:

- *Den gracias al Señor.*
- *Invoquen su nombre.*
- *Den a conocer sus obras entre las naciones.*
- *Cántenle, entónenle salmos.*
- *Hablen de todas sus maravillas.*
- *Siéntanse orgullosos de su santo nombre.*
- *Alégrese el corazón de los que buscan al Señor.*
- *Recurran al Señor y a su fuerza.*
- *Busquen siempre su rostro.*
- *Recuerden las maravillas que ha realizado, sus señales, y los decretos que ha emitido.*

Cada día tenemos el privilegio de consultar al Rey de reyes y Señor de señores para determinar qué sendero tomaremos, qué tareas son las más importantes y quiénes nos necesitan más.

Cada poquito ayuda

Dios, que comenzó a hacer su buena obra en ustedes,
la irá llevando a buen fin.
Filipenses 1:6, DHH

¿Pueden los muertos resucitar en el mundo actual?
Todo depende de lo que ha muerto. Algunas veces traer
algo a la vida es solo un asunto de trabajo duro y
tiempo... quizá siglos. El personal del Parque Nacional
Redwood en California te dirá que sin duda alguna vale
la pena intentar el esfuerzo.

En 1978, el parque «creció» a ciento cincuenta y cinco
kilómetros cuadrados de bosques bien definidos. El
Congreso les dio a los administradores del parque un
desafío: restaurar la tierra a su estado natural. También se
les hizo una advertencia: los resultados finales del trabajo
no se verían en cientos de años.

El trabajo comenzó. Desde 1978, se han quitado
caminos, se han reparado los hábitats en arroyos y
estuarios, se ha reforestado la tierra despojada de la
vegetación y se han eliminado cientos de caminos y pistas
de esquí. En el proceso, el parque se ha convertido un

poco en «un laboratorio viviente», un medio para ayudar a los investigadores ambientales a aprender más sobre la restauración ecológica. Lo aprendido hasta ahora en Redwood ha sido provechoso para controlar la salud de otros parques nacionales y estatales[27].

La próxima vez que pienses que tus esfuerzos quizá sean muy pocos o se hayan realizado demasiado tarde, recuerda que el árbol más alto del Parque Nacional Redwood no creció hasta llegar a una altura de ciento doce metros de la noche a la mañana. Lleva tiempo alcanzar la magnificencia.

Las Escrituras no nos dicen que nos deben restaurar a nuestro estado «natural», sino que nos transformemos a la imagen de Jesucristo. (Véase Romanos 12:2). Esta transformación no es inmediata. Hace falta mucho tiempo para cambiar algunos hábitats y patrones de conducta. Deben sanar los recuerdos que causan dolor y quizá nunca se logren borrar por completo. Las nuevas maneras de pensar y responder quizá se desarrollen con mucha lentitud.

Sin embargo, nuestra transformación es la obra del Espíritu Santo dentro de nosotros, ¡y Él nunca falla! Confía hoy en que Dios está trabajando en tu transformación: un proyecto que tal vez tome toda una vida y solo termine en la eternidad, pero el resultado final será tu total restauración.

Una visión común

El SEÑOR se ha acordado de nosotros; Él nos bendecirá [...]
Él bendecirá a los que temen al SEÑOR,
tanto a pequeños como a grandes.
Salmo 115:12, 13 LBLA

En *Reasons of the Heart*, John S. Dunne escribe con elocuencia:

«*H*ay un sueño soñando en nosotros», como le dijera una vez un bosquimán a Laurens Van der Post. Somos parte de un sueño, según él, parte de una visión. Lo que es más, podemos llegar a ser conscientes de él. Aunque estamos muy lejos de los bosquimanes y su visión, parece que podemos llegar a un sentido de ser soñado, de ser vistos, de ser conocidos. El deseo de nuestra mente es conocer, entender; pero el deseo de nuestro corazón es la intimidad, ser conocido, ser entendido. Ver a Dios con nuestra mente sería conocer a Dios, entender a Dios; pero ver a Dios con nuestro corazón sería tener un sentido de ser conocido por Dios, de ser entendido por Dios.

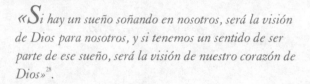

«Si hay un sueño soñando en nosotros, será la visión de Dios para nosotros, y si tenemos un sentido de ser parte de ese sueño, será la visión de nuestro corazón de Dios»[28].

Mientras exploramos y nos encontramos con el sueño de Dios para nosotros, descubrimos nuestro más claro y alto sentido de identidad y propósito en la vida, lo cual nos da la motivación y el rumbo para cada día.

¿Tienes un sentido de la visión de Dios para tu vida hoy? ¿Cómo te ve Él? ¿Qué desea para ti? ¿Qué sueña Él que hagas, llegues a ser y seas?

Sabemos de su Palabra que Dios quiere que seamos personas de carácter y con cualidades, personas de virtudes nobles y que no contemporicen, personas de fortaleza y poder espiritual. Dios te está llamando a una relación cercana, personal e íntima con Él. Anhela confiarte sus planes y deseos para tu vida.

Dios te ha dado talentos específicos, habilidades, dones espirituales y cosas materiales y desea que los uses a plenitud. Hazte hoy el propósito en tu corazón de ser amigo de Dios, su hijo, su heredero, de modo que Él pueda hacer lo que le encanta hacer: recompensarte con incluso mayores bendiciones.

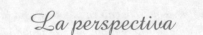

La perspectiva

*Me hice todo para todos, a fin de salvar
a algunos por todos los medios posibles.*
1 Corintios 9:22

Aun cuando Dios nos da un día nuevo por completo
cada veinticuatro horas, muy pocas veces lo comenzamos
con un enfoque del todo nuevo. Muy a menudo
consideramos el día que tenemos por delante como «solo
otro día». Quizá veamos una fecha diferente, pero el día
parece lleno de la misma rutina, los mismos problemas,
los mismos rostros, las mismas responsabilidades.

¿No sería maravilloso si lográramos mirar a cada día
desde una perspectiva un poco diferente y, con la guía de
Dios, aprender a servirlo mejor como resultado?

Un traductor bíblico llamado Fraiser aprendió la
importante lección de las diversas perspectivas de una
forma muy interesante. Conocido solo como «Fraiser de
Lisuland», en el norte de Birmania, tradujo la Biblia a la
lengua lisu. Fraiser siguió haciendo el trabajo de traducción por algún tiempo, dejando a un joven con la tarea de
enseñar a leer a la gente.

Cuando regresó seis meses después, encontró al maestro y a tres estudiantes sentados alrededor de una mesa y la Biblia abierta frente al maestro. Fraiser se sorprendió al ver cómo cada alumno se la leía, dejando la Biblia allí, frente al maestro. El hombre de la izquierda leía de lado, el de la derecha también leía así, pero del otro lado, y el hombre enfrente del maestro leía de abajo hacia arriba. Puesto que siempre habían ocupado las mismas sillas, cada uno había aprendido a leer desde su perspectiva en particular y cada uno pensaba que así se escribía su lengua.

Nosotros también podemos ser semejantes. Cuando aprendemos algo desde una sola perspectiva, quizá pensemos que esa sea la única perspectiva. Tenemos la solución a nuestro problema y nadie más la tiene. A veces es necesario cambiar de silla y asumir una perspectiva diferente sobre la misma verdad a fin de ayudar a otros.

Los principios de verdad en la Palabra de Dios nunca cambian, ¡pero sí cambia nuestra comprensión de ellos! Pídele a Dios que te dé nuevos discernimientos sobre Él hoy. Con tu nueva perspectiva, verás la solución al problema que te ha estado perturbando durante años.

A medida que nuestra perspectiva se ensancha, también aumenta nuestra habilidad para ayudarnos a nosotros mismos y a otros.

Cuesta abajo desde aquí

Pero ustedes son linaje escogido, real sacerdocio,
nación santa, pueblo que pertenece a Dios,
para que proclamen las obras maravillosas de aquel
que los llamó de las tinieblas a su luz admirable.
1 Pedro 2:9

Jean-Claude Killy, el francés campeón de esquí, hizo más que esforzarse mucho en su deporte.

Cuando formó parte del equipo de esquí de su nación, a principios de la década de 1960, determinó que sería el mejor. Decidió que el entrenamiento arduo era clave. Temprano al amanecer, corría montaña arriba con los esquíes puestos, lo cual es una actividad muy extenuante. Levantaba pesas, practicaba carreras de velocidad... el hombre estaba determinado a hacer lo que fuera para llegar al punto culminante de su condición física.

Otros miembros del equipo también se entrenaban con la misma intensidad, y al final fue un cambio de estilo, no la condición física, lo determinante para Killy.

La meta en la carrera de esquí es descender por la ruta de una montaña establecida más rápido que cualquier otro. Killy comenzó a experimentar para ver si podía quitar algunos segundos de su tiempo. Descubrió que si esquiaba con las piernas separadas, tenía mejor equilibrio. También encontró que si se sentaba hacia atrás en sus esquíes al efectuar una vuelta, en lugar de inclinarse hacia delante como era la costumbre, tenía mejor control, lo cual también resultó en mejores tiempos. Antes que mirar sus palos de esquí como un accesorio para el equilibrio, Killy trató de usarlos para impulsarse hacia delante.

El estilo de Killy no era convencional. Sin embargo, cuando ganó la mayoría de los eventos de esquí en 1966 y 1967, incluyendo tres medallas de oro en las Olimpiadas de Invierno, los esquiadores de todo el mundo prestaron atención. Hoy en día, el estilo de Killy es la norma entre los que compiten en carreras de descenso y eslalon. Cualquier otro «estilo» se consideraría raro[29].

Como cristianos, no tenemos el llamado a conformarnos con las normas del mundo, sino con las normas de Dios. Nuestro estilo de vida debería desafiar a la gente para venir a Jesucristo y a vivir de acuerdo a sus caminos y propósitos más altos. Puede que el «estilo» cristiano parezca raro a un inconverso, pero al final, ¡es el estilo que va a prevalecer!

No temas ser un poco «raro» hoy a los ojos de quienes te observan. Tu ejemplo quizá les ayude a ganar el estilo de vida de los campeones.

La agenda de hoy

*Darles una corona en vez de cenizas, aceite de alegría
en vez de luto, traje de fiesta en vez de espíritu de desaliento.
Serán llamados robles de justicia,
plantío del SEÑOR, para mostrar su gloria.*
Isaías 61:3

Nuestros días están vinculados de una manera única de acuerdo con la Palabra de Dios. El dolor de ayer, la aflicción y los desalientos, así como las victorias de ayer y las bendiciones, llegan a ser la agenda de hoy.

¿Alguien te rechazó o se enemistó contigo? Entonces la agenda de Dios para ti hoy es la restauración y la reconciliación.

¿Sufriste enfermedad o alguna herida ayer? Entonces la sanidad está en la agenda de hoy.

¿Recibiste una desilusión o un mal informe? Entonces hoy es un día de esperanza y de buenas noticias.

¿Te azotó una calamidad o un desastre? Entonces hoy es el tiempo para la recuperación y el rejuvenecimiento.

¿Fracasaste de alguna manera ayer? Entonces la agenda de Dios para ti hoy es de una segunda oportunidad.

Sin importar qué preocupación, frustración o aflicción llevaste a la cama anoche... el día de hoy te trae esperanza para que cambie ese «problema». Esa es la naturaleza redentora de la obra de Dios en nuestra vida: cambiar nuestras pérdidas en victorias, nuestras aflicciones en alegrías y nuestros desalientos en una razón para la alabanza.

El profeta Isaías nos dice que este proceso resulta en que llegamos a estar tan arraigados en la bondad de Dios que somos como esos grandes «robles de justicia». Llegamos al punto en que, sin importar lo que nos aflija un día, vamos a ver que Dios tiene un plan para nuestra total recuperación *y más* a partir del día siguiente.

El apóstol Pablo se hizo eco de esto cuando les escribió a los romanos:

> *«A los que aman a Dios, todas las cosas les ayudan a bien, esto es, a los que conforme a su propósito son llamados».*
>
> *Romanos 8:28, RV-60*

Nuestro rebote nunca es al punto donde comenzamos, sino que siempre nos lleva más alto. Somos más sabios y entendidos. Sin importar lo que nos azote, nuestras raíces crecen más profundas, nuestras ramas crecen más largas y nuestro fruto aumenta.

¡Espera que Dios te lleve a un lugar más alto en tu vida hoy!

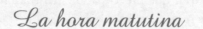

La hora matutina

*Estad quietos, y conoced que yo soy Dios; seré exaltado
entre las naciones; enaltecido seré en la tierra.*
Salmo 46:10, RV-60

Muchísimos encontramos que el tiempo matutino es
una hora de «apurarse». Varios miembros de la familia
corren en distintas direcciones con diferentes necesidades y
horarios. A uno se le perdió una media, el otro no puede
encontrar las tareas escolares que hizo anoche. Otro necesita
que le empaquen un almuerzo y otro necesita dinero
para el almuerzo. Uno se va dando un beso, otro dando
un grito y otro necesita una palabra de aliento para abrir
los ojos mientras sale dando traspiés por la puerta.

En profundo contraste se encuentra el viejo adagio
que dice que todos necesitamos un «tiempo de quietud»
en la mañana para centrarnos y renovar nuestra relación
con nuestro Padre celestial. Quizá para ti sacar ese tiempo
sea el desafío supremo del día, pero vale la pena el
esfuerzo su peso en oro, como Bruce Fogarty lo dijera
con tanto acierto:

La hora matutina

A solas con Dios, en quietud,
De los cuidados terrenales me siento libre;
Nuevas fuerzas pido para cada día
Mientras allí con Dios me detengo a orar.

A solas con Dios, mis pecados confieso,
Él me habla con misericordia, soy bendecido.
Sé lo que es el beso del perdón gratuito,
Hablo con Dios y Él conmigo.

A solas con Dios, mi visión se aclara
Veo mi culpa, los años perdidos
Ruego por gracia para caminar como Él quiere
Y vivir para Él de día en día.

A solas con Dios sin pecado que se interponga
Su bello rostro con gran claridad veo;
Mi culpa ya se ha ido; mi corazón descansa
Con Cristo, mi Señor, mi alma es bendecida.

Señor, guarda mi vida solo para ti;
Líbrame, Señor, del pecado y del egoísmo.
Y cuando ya no camine más por este mundo
La gente dirá: «Él caminó a solas con Dios»[30].

🌺 🌺 🌺 🌺 🌺 🌺 🌺 🌺 🌺 🌺 🌺 🌺

Persevera hasta el final

[Jesús] afirmó su rostro para ir a Jerusalén.
Lucas 9:51, RV-60

El sábado de la carrera de perros de trineo amaneció una mañana brillante, clara y fría. Las personas de la pequeña ciudad de Wisconsin en la orilla del lago Superior esperan con ansias la competencia anual. La ruta de un kilómetro y medio a través del lago se había marcado con pequeños abetos colocados en la superficie del helado lago. Los espectadores de pie en la empinada ladera a lo largo de la orilla tenían una vista buena de toda la ruta.

Todos los concursantes eran niños: desde algunos grandes con varios perros en los grandes trineos, hasta un niñito que no aparentaba más de cinco años de edad. Entró a la carrera con un pequeño trineo tirado por un perrito y se colocó en su lugar con el resto de los participantes esperando que comenzara la carrera.

Cuando sonó la señal declarando la arrancada de la carrera, los concursantes salieron como flechas y el pequeño participante con su perrito pronto quedaron muy atrás. Es más, los concursantes mayores y de más experiencia desaparecieron tan rápido en la pista que el pequeño niño casi no se podía decir que participaba en la carrera. Sin embargo, la competencia marchaba bien y hasta el niñito en el último lugar parecía disfrutar cada minuto.

Cerca de la mitad del trayecto, el equipo de perros que iba en segundo lugar comenzó a sobrepasar al que iba delante. Los perros se acercaron demasiado a los que llevaban la delantera y muy pronto todos los perros se enredaron en una pelea. Luego, mientras cada trineo llegaba al lugar en que los animales estaban enredados en la pelea, se unían a la reyerta.

Al parecer, ninguno de los conductores de los trineos era capaz de guiar a sus trineos fuera de la pelea de perros, y muy pronto todos los concursantes y los perros se convirtieron en una masa enfurecida de niños, trineos y perros... todos, menos el niño pequeño y su único perro. Él se las ingenió para perseverar hasta el final y fue el único que terminó la carrera[31].

Cada día tiene el potencial de algo capaz de desviarnos del propósito que intentamos cumplir. Sin importar lo grande que sea la distracción, ¡podemos terminar la carrera si nos mantenemos enfocados y seguimos adelante!

Prepárate para actuar con valentía

El prudente actúa con cordura,
pero el necio se jacta de su necedad.
Proverbios 13:16

Probar algo nuevo quizá sea intimidante y hasta peligroso. Es por eso que es mucho más sabio correr un riesgo calculado que dar un salto imprudente.

Un riesgo calculado es el que corrió Charles Lindbergh cuando decidió volar en solitario por el océano Atlántico en un monoplano. ¿Tenía miedo Lindbergh? Es probable que lo tuviera si nunca antes hubiera volado o si no hubiera sabido nada de aviones. Si no le hubiera tenido confianza al constructor de su avión o a sus mecánicos, es posible que hubiera tenido una buena razón para sentirse ansioso. Y si hubiera decidido hacer el viaje en un impulso, sin planes anticipados, por cierto que lo habrían tildado de necio.

Sin embargo, ninguno de esos factores era cierto en el caso de Lindbergh. Era un experimentado piloto y mecánico que personalmente pasó meses supervisando la construcción de su avión. Participó en los planes de cada detalle de su histórico vuelo. El resultado final fue un viaje seguro, terminado antes de lo planeado con combustible de reserva[32].

En gran medida, el «afortunado Lindy» forjó su propia fortuna.

Asimismo, los momentos espirituales heroicos casi siempre se basan en la preparación anticipada. Moisés creció en la corte del faraón, al prepararlo, sin saberlo, para el día que le exigiría a ese faraón que dejara salir a su pueblo de Egipto. Daniel era un hombre de oración desde muchos años antes que el rey proclamara el decreto prohibiendo orar. La violación a esa ley hizo que Daniel cayera en el foso de los leones, donde se respondieron sus oraciones por protección.

David era parte de la corte real de Saúl y se casó con su hija. Esto fue parte de su preparación para un día asumir el trono. Los años que pasó en el desierto lo prepararon espiritualmente para confiar en Dios, y solo en Dios, a fin de que lo mantuviera con vida, lo protegiera y lo ayudara a gobernar un imperio. Ester se preparó durante un año antes de ganar el «concurso» para reina. Se preparó de nuevo antes de presentarse con valentía ante el rey y revelar al enemigo de su pueblo.

Tal vez tú no veas con claridad cuál es el propósito de Dios para tu vida, pero puedes confiar en el hecho de que Él te está preparando para ese propósito. Dios no va a malgastar ni un solo momento de tu vida. Así que haz que cada relación y experiencia cuenten hoy, ¡sabiendo que Él te está alistando para la grandeza!

¿Qué haces hoy?

¡Alaben al SEÑOR, naciones todas! ¡Pueblos todos,
cántenle alabanzas! ¡Grande es su amor por nosotros!
¡La fidelidad del SEÑOR es eterna!
Salmo 117:1-2

En la Edad Media enviaron un hombre a una obra de construcción en Francia para ver cómo se sentían los obreros por su trabajo. Se dirigió al primer obrero y le preguntó: «¿Qué estás haciendo?».

El hombre estalló de la ira: «¿Es ciego? Estoy cortando estas terribles piedras con herramientas primitivas y las amontono como me indica el jefe. Estoy sudando bajo el ardiente sol. Me duele mucho la espalda. Estoy aburrido. ¡No gano casi nada!».

El hombre se alejó enseguida y encontró a un segundo trabajador, a quien le preguntó lo mismo: «¿Qué estás haciendo?».

El segundo trabajador le respondió: «Estoy dándoles forma a estas enormes piedras para que se puedan usar. Luego las ponen juntas según los planos del arquitecto. Gano cinco francos a la semana y eso mantiene a mi esposa y mi familia. Es un buen trabajo. Podría ser peor».

Un poco más animado, pero no sobrecogido con esta respuesta, el hombre fue al tercer trabajador. «¿Qué estás haciendo?», le preguntó.

«¿Es que no se da cuenta?», le dijo el trabajador levantando su brazo al cielo. «¡Estoy construyendo una catedral!»[33].

¿Cómo ves *tu* trabajo hoy? ¿Lo ves como una labor monótona sin recompensa ni propósito? ¿Lo ves como «un simple trabajo»? ¿O ves tu trabajo como parte del diseño maestro de Dios, no solo para ti, sino también para otros? ¿Te ves como un socio de Dios para establecer su reino en la tierra?

La forma en que vemos nuestro trabajo quizá no influya en si terminamos una tarea o no. Sin embargo, va a tener un impacto en la calidad de nuestro trabajo y en nuestra productividad. El impacto real sobre cómo nos *sentimos* por un trabajo descansa en esto: mientras más positivos nos sintamos en cuanto a un trabajo, tanto mayor será la satisfacción que tendremos al final del día, y tanto menor será el estrés que nos dañe. Los que ven valor en sus trabajos disfrutan de un mayor sentido de propósito.

Cualquier trabajo puede realizarse con gracia, dignidad, estilo y propósito... ¡tú solo tienes que decidir verlo de esa manera!

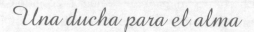

Una ducha para el alma

Crea en mí, oh Dios, un corazón limpio.
Salmo 51:10

Gran parte de la rutina matutina se emplea en asearnos: tomando un baño o una ducha, lavándonos la cabeza y cepillándonos los dientes. Sin embargo, ¿cuánto tiempo y atención invertimos en limpiar nuestro corazón? No olvides pedirle a Dios hoy que cree en ti un corazón limpio.

Dios mío, tú eres todo bondad,
ten compasión de mí; tú eres muy compasivo,
no tomes en cuenta mis pecados.
¡Quítame toda mi maldad! ¡Quítame todo mi pecado!
Sé muy bien que soy pecador, y sé muy bien que he pecado.
A ti, y solo a ti te he ofendido; he hecho lo malo, en tu
propia cara.
Tienes toda la razón al declararme culpable;
no puedo alegar que soy inocente.
Tengo que admitir que soy malo de nacimiento,
y que desde antes de nacer ya era un pecador.
Tú quieres que yo sea sincero; por eso me diste sabiduría.
Quítame la mancha del pecado, y quedaré limpio.
Lava todo mi ser, y quedaré más blanco que la nieve.
Ya me hiciste sufrir mucho;

¡devuélveme la felicidad!
No te fijes en mi maldad
ni tomes en cuenta mis pecados.
Dios mío, no me dejes tener
malos pensamientos;
cambia todo mi ser.
No me apartes de ti;
¡no me quites tu santo espíritu!
Dame tu ayuda y tu apoyo;
enséñame a ser obediente,
y así volveré a ser feliz.
A los pecadores les diré
que deben obedecerte
y cambiar su manera de vivir.
Señor y Dios mío,
Dios de mi salvación, líbrame de la muerte,
y entre gritos de alegría te daré gracias
por declararme inocente.
Abre mis labios y te cantaré alabanzas.
Yo con gusto te ofrecería animales para ser sacrificados,
pero eso no es lo que quieres; eso no te complace.
Para ti, la mejor ofrenda es la humildad.
Tú, mi Dios, no desprecias a quien con sinceridad
se humilla y se arrepiente.
Trata con bondad a Jerusalén; vuelve a levantar sus
murallas.
Entonces recibirás con gusto las ofrendas que mereces,
y en tu altar se presentarán toros en tu honor.

Salmo 51, TLA[34]

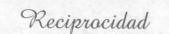

Reciprocidad

Oren unos por otros, para que sean sanados.
Santiago 5:16

A veces cuando nos concentramos en ayudar a otros, terminamos resolviendo nuestros propios problemas. Sin duda, eso fue verdad para David, un niño de ocho años del estado de Wisconsin que tenía un impedimento del habla. Su problema lo hacía vacilar para leer en voz alta o hablar en clase.

La mamá de David también tenía un problema: esclerosis múltiple. Un día de invierno ella y David caminaban afuera cuando su bastón resbaló en el hielo, causando que se cayera. No se lastimó, pero el incidente dejó a David con el deseo de hacer algo por su madre.

Un tiempo después, la maestra de David les asignó a los alumnos que presentaran un invento para un concurso nacional. Él decidió que inventaría un bastón que no resbalara en el hielo poniéndole un clavo en la parte de abajo. Después que su madre expresó su preocupación de que el clavo quizá dañara algunos pisos, el niño desarrolló un sistema retractable. Parecido a un bolígrafo, el clavo se podía ocultar apretando un botón en la parte superior del bastón.

El invento de David ganó el primer premio en el concurso. Como ganador, tuvo que hacer varias presentaciones públicas y comunicarse con los que mostraban interés en su proyecto. Mientras más hablaba del bastón, menos aparente se hacía su impedimento del habla[35].

¿Quiénes necesitan tu ayuda hoy?

Tal vez no necesiten que les invente algo. Quizá necesiten que los ayudes en un proyecto, una palabra de aliento u oración por una necesidad particular. A medida que te esfuerzas por encontrar el tiempo y la energía para ayudar a alguien, encontrarás que algo dentro de ti se va a suavizar, sanar, renovar o arreglar. Una expresión externa hacia otros siempre hace algo en el interior que permite que el carácter de Jesucristo en nosotros se manifieste, se fortalezca y se realce.

¡Ese es el principio de la reciprocidad de Dios!

Por fin...

Te alabaré porque me has oído, y me fuiste por salvación.
Salmo 118:21, RV-60

Se cuenta la historia de un buscador de diamantes en Venezuela llamado Rafael Solano. Era una de las personas pobres y buscadoras de fortuna que iban a cerner piedras del lecho seco de un río que tenía la reputación de tener diamantes. Sin embargo, durante algún tiempo, nadie había tenido suerte y encontrado diamantes entre la arena y las piedras. Uno por uno, todos los que llegaron al lugar se fueron, con los sueños destrozados y los cuerpos agotados.

Desalentado y extenuado, Rafael Solano estaba a punto de tomar la decisión de que era hora de que también se rindiera. No tenía nada que mostrar después de tantos meses de trabajo.

Entonces se agachó una vez más y levantó un puñado de piedras, aunque solo fuera para decir que había inspeccionado todas las piedras del lugar. De las piedras que tenía en la mano, sacó una que parecía un poco diferente. La analizó en su otra mano. Le pareció pesada. La midió y la pesó en una báscula. ¿Sería posible?

Sin duda, Rafael Solano encontró un diamante en bruto. El comerciante en joyas de Nueva York, Harry Winston, le pagó al hombre doscientos mil dólares por esa piedra. Cuando la cortaron y pulieron, se llegó a conocer como el Libertador, y se le considera el diamante mayor y más puro que no se extrajo de una mina del mundo.

Quizá hayas estado perseverando en un proyecto por semanas, incluso meses o años, sin ver mucho progreso. Hoy puede ser el día. ¡No te rindas!

Las Escrituras están llenas de ejemplos de hombres y mujeres que, al borde del desastre o del fracaso, experimentaron la obra creativa de Dios en sus vidas. Recuerda que...

- *La Palabra de Dios es verdad.*
- *Dios puede dividir el mar.*
- *Dios puede sanar lo incurable.*
- *Dios puede proveer agua de una roca y maná en el desierto.*
- *Dios puede conquistar a tus enemigos.*
- *Dios todavía puede librar a la gente del horno de fuego y del foso de los leones.*

Persevera en lo que Dios te ha pedido que hagas hoy, ¡pues sus recompensas van a ser más de lo que piensas o imaginas!

El perdón

Perdónanos nuestras deudas, como también nosotros hemos
perdonado a nuestros deudores.
Mateo 6:12

Es difícil comenzar el día cuando todavía se lleva una herida sin perdonar. Una mañana la hija de Denise Stovall, Deanna, le enseñó una lección especial sobre el perdón.

—¡Mamá!, ¿cómo se escribe "Luis"? —preguntó Deanna al entrar corriendo a la cocina.

—¿Luis? ¿Qué Luis? —le preguntó Denise.

—Ya sabes —le dijo la niña de cinco años de edad—. El niño que me dejó el ojo negro.

Por varios días Denise se había preguntado cómo un niño podía ser tan malo con otro niño. Sentía enojo dentro de sí cada vez que veía el cardenal alrededor del ojo color avellana brillante de Deanna. Cerrando la puerta del horno con un portazo, como si fuera la persona en cuestión, dijo:

—¿Por qué quieres saber cómo se escribe su nombre, sobre todo después de lo que te hizo?

La respuesta de Deanna le recordó a Denise lo que dijo Jesús: «Dejen que los niños vengan a mí, y no se lo impidan, porque el reino de los cielos es de quienes son como ellos».

—Bueno, ayer en la iglesia, la señorita Mae nos dijo que deberíamos hacer cadenas de papel para el día de todos los santos. Dijo que hagamos un eslabón cada vez que alguien hace algo bueno por nosotros, como lo hizo Jesús, y que después debemos poner el nombre de esa persona en el eslabón. Luis me dijo hoy en el autobús escolar que lamentaba haberme pegado en el ojo y eso fue algo lindo. Quiero poner su nombre en este eslabón y hacerlo parte de la cadena, a fin de que podamos orar por él para que no me pegue de nuevo.

Mientras Denise estaba en el medio de la cocina con las manos en las caderas, las palabras de un reciente sermón le vinieron a la mente, culpándola: «El perdón, sin importar el tiempo que tome ni lo difícil que sea recibirlo, es el único sendero hacia la sanidad y la libertad».

Después de meditarlo, Denise pensó que el ojo amoratado de Deanna se veía un *poco* mejor[36].

Antes de comenzar el día, asegúrate de que estás libre de toda ofensa y falta de perdón. Recuerda todo lo que Dios te ha perdonado, ¡y te será más fácil perdonar a otros!

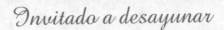

Invitado a desayunar

Señor, tú [...] conoces el corazón de todos.
Hechos 1:24

La mayoría de la gente despierta con un despertador sonando a una hora determinada antes que con el canto del gallo en el corral. Sin embargo, para el apóstol Pedro, el gallo que cantó al amanecer en la crucifixión de Jesús fue una llamada «que lo despertó»; lo despertó para ver quién era en realidad. En su peor momento, Pedro negó que conocía a su amigo y maestro, Jesús. Pedro lloró con amargura por esta traición, y después debe haber sentido una culpa y vergüenza terrible.

Entonces en la mañana de la resurrección, Jesús se les aparece a sus discípulos, que pescaban en el mar de Tiberíades. Los llamó desde la orilla y les preguntó si habían pescado algo. Los discípulos no lo reconocieron y le respondieron: «No». Jesús les dijo que tiraran la red al otro lado de la barca, y la pesca fue tan grande que no podían sacarla. Ahora sabían que el hombre que los guió era Jesús y se dirigieron a la orilla.

Cuando los discípulos llegaron allí, Jesús los invitó a comer con Él. «Vengan a desayunar», les dijo. En las horas del amanecer, el Jesús resucitado les preparó el desayuno.

¿Cómo crees que se sintió Pedro cuando, después del mayor fracaso de su vida, Jesús quería pasar tiempo con él, comer a su lado y hasta ayudarlo a pescar? Jesús buscó al discípulo que lo abandonó cuando más lo necesitaba. Aun más, llamó a Pedro para guiar a sus seguidores.

Como Pedro, hay experiencias en nuestros días que nos sirven de «llamadas para despertar» a quienes decimos ser. Estas «llamadas para despertar» llegan en forma de oportunidades a fin de comprometer quiénes somos y lo que creemos. ¿Cómo actuamos cuando otros no están a nuestro alrededor? ¿Cómo resolvemos las situaciones que quizá violen nuestra integridad? Vivir una vida de concesiones es negar a Jesús, al igual que Pedro. (Véase Tito 1:16).

Siempre es importante que pasemos tiempo con el Señor, pero cuando hay cosas que debemos confesar para limpiar nuestro corazón, es más importante. Jesús siempre nos invita a que tener compañerismo con Él, siempre perdona.

Sin importar los errores y las concesiones que hiciéramos ayer, Jesús todavía nos ama hoy y nos dice: «Ven y desayuna conmigo».

Cuando se arreglan las cosas

Si confesamos nuestros pecados, Dios, que es fiel y justo,
nos los perdonará y nos limpiará de toda maldad.
1 Juan 1:9

Bruce Catton fue un gran historiador de la Guerra Civil en los Estados Unidos que escribió varios libros muy famosos, incluyendo *A Stillness at Appomattox*. Según la opinión del ex diputado y embajador de Estados Unidos, Fred J. Eckert, Catton tenía una manera maravillosa de lidiar con sus errores.

Parece que cuando Fred Eckert estaba en su segundo año del instituto, leyó uno de los libros de Catton titulado *This Hallowed Ground*. Conmovido por este libro, buscó otros libros sobre la Guerra Civil. En uno, descubrió que Catton había cometido un error cambiando los nombres de un primer y segundo oficial.

El maestro de Eckert lo alentó a escribirle a Catton sobre el error. Cuando lo hizo, el autor le respondió enviándole varios ejemplares autografiados de sus libros, entre ellos uno de *This Hallowed Ground*. En este libro, el autor escribió: «A Fred Eckert, quien me encontró durmiendo la siesta en el Fort Donelson».

Fred Eckert dice que aprendió una valiosa lección de esta experiencia: Si uno siempre hace todo lo posible, es probable que no cometa demasiados errores. Y cuando de vez en cuando comete un error, lo mejor es reconocerlo y seguir adelante»[37].

Gran parte de nosotros usamos mucho tiempo y esfuerzo justificándonos o cubriendo nuestros pecados y errores. La verdad es que es mucho más fácil confesar esos pecados, pedirle a Dios que nos perdone, buscar el perdón de los involucrados y luego seguir adelante.

El orgullo humano es lo que nos impide reconocer nuestros errores, y tal vez sea por eso que el orgullo se considera el primero de todos los pecados. Nos impide arrepentirnos, lo cual corta nuestra intimidad con Dios.

Comienza tu día con la pizarra limpia. Pídele al Señor que te perdone de todas las cosas que quedan sin perdonar. Acepta su perdón. Enmienda lo que se tenga que enmendar. ¡Y luego sigue adelante con la empresa de vivir la vida a la que te ha llamado el Señor!

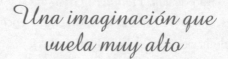

Una imaginación que vuela muy alto

Es pues la fe la sustancia de las cosas que se esperan,
la demostración de las cosas que no se ven.
Hebreos 11:1, RVA

En su clásico libro de autoayuda titulado *Think & Grow Rich*, Napoleón Hill escribió: «Cualquier cosa que la mente del hombre pueda concebir y creer, lo puede lograr». Su premisa, y la de muchos otros, es que una vez que la mente humana se programa con un cierta expectativa, comenzará a actuar para cumplir esa expectativa.

Las Escrituras declararon este principio mucho antes que Hill escribiera su libro. La fe es creer y luego ver. Es esperar un milagro antes de recibir un milagro.

La Aluminum Company of America acuñó una palabra interesante: «imaginiería». Combinaron la idea de la imaginación creadora de un producto o servicio, con la idea de que ese sueño se podría someter a la realidad. A través de la historia hemos visto este principio en acción.

- *A uno de nuestros antepasados primitivos se le ocurrió la idea de que era más fácil hacer rodar los objetos que arrastrarlos, y talló una rueda de piedra.*
- *Un hombre llamado Gutenberg pensó que las letras se podían hacer de metal y combinarlas para crear palabras, que luego se podían imprimir repetidamente con la aplicación de tinta. Él emprendió la construcción de esa máquina.*
- *Los hombres diseñaron catedrales que tomó décadas construir, pero las hicieron.*

Tu futuro recibirá el impacto directo de las *ideas* y *sueños* que tienes hoy. Lo que comiences a creer, y luego la forma en que actúas con esa creencia, resultará en lo que tienes, haces y eres en los días, semanas, meses y años futuros.

Deja que tu «imaginación de fe» vuele muy alto hoy. Cree lo mejor y lo más elevado de Dios para tu vida. Y luego comienza a vivir y a trabajar como si ese milagro estuviera en camino.

Siempre allí

Tú guardarás en completa paz
a aquel cuyo pensamiento en ti persevera.
Isaías 26:3, RV-60

Un negociante dijo una vez: «Algunas veces, después de despertar en la mañana, me siento aterrado al pensar en todas las tareas y citas que me esperan en las próximas ocho o diez horas.

»Entonces me repito las palabras: "En la serenidad y la confianza está su fuerza" y "Tú guardarás en completa paz a aquel cuyo pensamiento en ti persevera". Es sorprendente con la rapidez que se levanta la carga una vez que me acuerdo de la presencia y la ayuda de Dios. La fatiga y la tensión desaparecen y en su lugar fluye dentro de mí un sentimiento de serenidad y paz».

El doctor Frank Laubach aprendió a ser consciente de la presencia de Dios disciplinando sus pensamientos para pensar en Él una vez por minuto. Lo llamó «el juego de los minutos». Jacob Boehm, un santo del siglo dieciséis, también habló de una práctica que involucraba una conciencia casi continua de la presencia de Dios: «Si te arrojas una vez cada hora [...] a la misericordia ilimitada de Dios, recibirás poder para gobernar sobre la muerte y el pecado».

El piloto del avión envía un mensaje cada hora a la torre de control y recibe una respuesta. Así se mantiene por «el buen camino». Está en comunicación con el controlador del tráfico aéreo, recibe las órdenes e informa su posición. Comprende que si la torre no sabe de él a la hora señalada, se les alertará ante el hecho de que quizá él y sus pasajeros corren peligro.

No todo el mundo tiene la disciplina de Laubach ni de Boehm. Sin embargo, ¿no sería maravillo comunicarse con la torre de control al menos una vez por hora durante el día? Es tan simple como pronunciar una oración o repetir un versículo bíblico: «Tú me guardarás en completa paz».

El valor de uno

*Hay gozo delante de los ángeles de Dios
por un pecador que se arrepiente.*
Lucas 15:10, RV-60

Algunos días es difícil salir de la cama. Nuestra motivación se desvanece o desaparece por completo. Nos sobrecogemos con una actitud de: «¿Cuál es la diferencia?». Nos abrumamos ante la enormidad de las tareas por delante. Nuestros talentos y recursos parecen minúsculos comparados a la tarea.

Un negociante y su esposa se tomaron unas muy necesitadas vacaciones en un hotel a orillas del océano. Durante su estancia, se levantó una enorme tormenta, azotando la playa y enviando olas enormes contra la costa. La tormenta despertó al hombre. Se quedó acostado pensando en la furia de la tormenta y en su vida de constantes y continuas exigencias y presiones.

Antes del amanecer, el viento se calmó. El hombre se levantó y salió a ver el daño ocasionado por la tormenta. Caminó a lo largo de la playa y notó que estaba cubierta

🌑 🌑 🌑 🌑 🌑 🌑 🌑 🌑 🌑 🌑 🌑

de estrellas de mar que arrojaron en la costa las enormes olas. Yacían indefensas en la arena de la playa. Como no podían llegar al agua, se enfrentaban a una muerte inevitable mientras los rayos del sol las secaban.

Un poco más lejos de donde estaba él, vio la figura de un hombre caminando a lo largo de la costa. El hombre se detenía y recogía algo. En la penumbra del alba, no veía muy bien lo que sucedía. Mientras se acercaba, se dio cuenta de que era un joven que recogía las estrellas de mar y las arrojaba de nuevo en el océano para que estuvieran a salvo.

Cuando el hombre llegó donde estaba el muchacho, le preguntó: «¿Por qué haces esto? Una persona nunca será determinante, hay demasiadas estrellas de mar que necesitan volver al agua antes que salga el sol».

El joven le respondió con tristeza: «Sí, es cierto», y se agachó para recoger otra estrella de mar. Luego le dijo: «Pero puedo serlo con esta».

Dios nunca tuvo la intención de que un individuo resolviera todos los problemas de la vida. Con todo, sí tuvo la intención de que cada uno de nosotros usara los recursos y los dones que nos dio para destacarnos en el lugar en que estamos[38].

Momentos de suerte

Somos hechura de Dios,
creados en Cristo Jesús para buenas obras.
Efesios 2:10

Algunas veces tenemos «momentos de suerte» en los que encontramos cosas valiosas sin buscarlas. A veces llamamos a eso «un accidente, suerte o destino», pero esta facultad nos ha dado nuevos productos y mejores maneras de hacer las cosas.

Todos conocemos ejemplos de suerte, tal como el descubrimiento de América por Colón mientras buscaba una ruta hacia la India. Los nativos de Estados Unidos descubrieron el sirope de arce cuando, necesitando agua, golpearon con suavidad un arce e hicieron el primer sirope de arce al hervir la sabia. Unos pioneros que viajaban hacia el oeste y que buscaban agua, se detuvieron en un arroyo para beber y encontraron pepitas de oro en el agua.

Cuando George Ballas lavaba su auto en un lavador automático de vehículos, tuvo un momento de «suerte» que lo hizo millonario. Mientras observaba las cerdas de los cepillos lavando su auto, volvió su mente a su lista de cosas para hacer, entre ellas cortar las orillas de su césped.

De pronto, una idea le vino a la mente. Miró de nuevo las cerdas de los cepillos que giraban. Las cerdas se enderezaban cuando giraban a gran velocidad, pero eran lo suficiente flexibles para llegar hasta cada recoveco y ranura de su auto a fin de dejarlo limpio. Se preguntó: *¿Por qué no usar una cuerda de nailon, girando a alta velocidad, para cortar el césped y las malezas alrededor de los árboles y la casa?* Su idea, su suerte, llevó a la invención de un desyerbador.

¿De dónde sacamos ideas nuevas? ¡Dios es el Maestro detrás de la suerte! Tal vez no siempre te dé una idea que te haga millonario, pero sí te hará más creativo. Un experto da este consejo: Capte las ideas, escríbalas enseguida antes que se vayan y evalúelas más tarde. Dedique tiempo a soñar con el Señor. Busque nuevos desafíos. Ensanche sus perspectivas. Aprenda a hacer cosas nuevas[39].

Recuerda que Dios es tu Creador... y el Creador de todo el universo. Pídele que te inspire con ideas nuevas que lo glorifiquen a Él y que beneficien a otras personas. ¡Nosotros somos ayudantes en crear con Él!

¿Quién dice que no puedes?

Todo lo puedo en Cristo que me fortalece.
Filipenses 4:13

Tú puedes hacer cualquier cosa. Eso era lo que los padres de Kent Cullers le decían mientras crecía. Eso es lo que muchos padres les dicen a sus hijos. Sin embargo, Cullers nació ciego. A pesar de eso, si un niño escucha con frecuencia la frase: *Tú puedes hacer cualquier cosa*, se le mete en la cabeza. Da fruto. Y sin duda ese fue el caso de Cullers.

Cuando era pequeño, insistía en subirse a los árboles y montar bicicleta. Su padre pidió que lo transfirieran a California en el trabajo para que el niño pudiera asistir a una escuela regular, y Cullers fue un alumno que sacaba siempre las notas más altas. Fue el que pronunció el discurso de graduación de su instituto y recibió un reconocimiento nacional. Siguió hasta obtener un doctorado en física.

El primer amor de Cullers siempre fue el espacio, así que pareció apropiado que encontrara trabajo en la

NASA. Como investigador, uno de sus trabajos fue diseñar equipos para ayudar a los científicos a buscar señales de comunicación inteligente en el espacio sideral[40].

¿Cómo un ciego ve lo que otros no pueden ver? Usa «el ojo de la mente». También usa sus otros sentidos, tal vez un poco mejor que la mayoría de las personas. Sobre todo, se sigue diciendo las primeras enseñanzas de sus padres: *Tú puedes hacer cualquier cosa.*

El apóstol Pablo hubiera agregado una frase clave al consejo de los padres de Cullers. *En Cristo que me fortalece.* La fuente de toda nuestra habilidad, energía y creatividad es el Señor mismo. Es el que nos desafía a avanzar y nos equipa a fin de realizar la tarea. El Señor obrando en nosotros y por medio de nosotros, dándonos poder y trabajando por nosotros es el que enriquece nuestra vida.

Al mismo tiempo, el Señor espera que hagamos dos cosas: primero, que seamos receptivos a su presencia y poder; y segundo, que nos movamos. Él nos llama a creer y a hacer.

¿Qué es lo que crees hoy? ¿Qué haces? Activa tu creencia y tu hacer, sincronízalos con la voluntad de Dios, y no puedes menos que lanzarte a una posición más alta y mejor.

Una puerta abierta a tu meta

Por lo tanto, siempre que tengamos la oportunidad,
hagamos bien a todos.
Gálatas 6:10

Edwin C. Barnes tenía un deseo ardiente de convertirse en un asociado de negocios con el gran inventor Thomas A. Edison. No quería trabajar *para* Edison, quería trabajar *con* él.

Como un paso hacia convertir su sueño en realidad, Barnes solicitó trabajo en el laboratorio de Edison en Nueva Jersey. Lo contrataron como empleado de oficina y le pagaban el sueldo mínimo, lo que era algo muy lejos de una sociedad. Los meses pasaron sin ningún cambio en su condición ni en su relación con Edison. La mayoría de la gente se habría rendido, sintiendo que su trabajo no la llevaba a ningún lado. Barnes, sin embargo, permaneció firme. Llegó a darse cuenta por completo del ambiente en la oficina y del trabajo de cada persona, y buscó maneras de lograr que el trabajo de cada uno fuera más placentero y eficiente. Sobre todo, permaneció dispuesto y optimista. Vio todo lo que hacía como preparación para el día cuando llegara a ser socio de Edison en una nueva empresa.

Llegó el día en que Edison le presentó a su personal de ventas su invención del dictáfono Edison. No creían que se vendería. Sin embargo, ¡Barnes vio esta máquina de apariencia extraña como su oportunidad! Se dirigió a Edison, anunciándole que le gustaría vender el dictáfono. Puesto que nadie más demostró entusiasmo alguno por él, Edison le dio la oportunidad al joven. Le concedió un contrato exclusivo para distribuir y promover la máquina de oficina por los Estados Unidos. Edwin Barnes tuvo éxito en alcanzar su meta de trabajar *con* el gran inventor, y al mismo tiempo lograr su meta de tener éxito en los negocios.

¿Tienes una meta en mente o en tu corazón hoy? Puedes estar seguro de que la alcanzarás mientras sirves a otros y los ayudas a alcanzar sus propias metas. La ayuda que le ofreces a un miembro de la familia, a un vecino, a un compañero de trabajo o a tu jefe hoy regresará a ti en éxitos mañana.

Tal vez la oportunidad te llegue hoy disfrazada de mala suerte, derrota, rechazo o fracaso. Mira más allá de los problemas para considerar las posibilidades. En fe, ayuda a una persona a superar sus dificultades y te sorprenderás por las cosas buenas que Dios envía a tu camino.

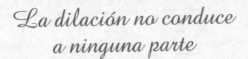

La dilación no conduce a ninguna parte

Me doy prisa, no tardo nada para cumplir tus mandamientos.
Salmo 119:60

La mañana es un buen tiempo para hacer una lista de «cosas para hacer» y planear el día. También es el mejor tiempo para realizar las tareas más difíciles o las menos agradables. Si andamos con dilaciones mientras avanza el día, se apodera de nosotros la racionalización y a veces hasta las tareas que considerábamos más importantes se quedan sin hacer.

He aquí un poemita solo para los que luchan con la dilación:

Cómo y Cuándo

A menudo nos molestan en gran medida
Dos hombrecitos quisquillosos,
Que a veces nos bloquean el sendero
Sus nombres son Cómo y Cuándo.

Si tenemos una tarea o deber
Que por un rato podemos posponer,
Y no vamos y la hacemos,
¡Veremos a esos dos pillos sonriendo!

Pero hay una manera de vencerlos,
Y te diré la manera de lograrlo:
Si tienes una tarea que realizar,
Hazla bien y hazla ahora.

Anónimo

Como parte de tu tiempo de oración matutino, pídele al Señor que te ayude a vencer cualquier tendencia a dilatar las cosas y a priorizar tus proyectos según sus planes y propósitos.

A menudo le preguntamos al Señor: «¿Qué quieres que haga?», pero luego fallamos al hacerle la pregunta que le sigue: «¿Cuándo quieres que haga esto?». Si tenemos un sentido del tiempo de Dios y en algunos casos su urgencia por el asunto, nuestra convicción crece para terminar el trabajo enseguida.

La «omnipresencia» de Dios significa que Él está siempre contigo y que está siempre «a tiempo». Está contigo en los «ahora» de tu vida. Le preocupa la forma en que usas cada momento de tu vida. ¡Reconoce que hoy Dios desea ser parte de la administración de tu tiempo y en el proceso de terminar tus tareas!

Recompensas

Los hombres hicieron el trabajo fielmente.
2 Crónicas 34:12, LBLA

Se dice que Thomas Edison dijo una vez: «Me pregunto qué me habría pasado si alguna persona con mucha labia me hubiera convertido a la teoría de la jornada laboral de ocho horas, y me hubiera convencido de que no era justo para mis compañeros de trabajo que yo pusiera mi mejor esfuerzo en mi labor. Estoy contento de que la jornada de ocho horas no se hubiera inventado todavía cuando era joven. Si mi vida hubiera estado hecha de jornadas de ocho horas, no creo que hubiera podido haber logrado mucho. Este país no sería lo que es si los jóvenes hubieran tenido miedo de ganar más de lo que les pagaban».

Edison atribuyó su éxito a «dos por ciento inspiración y noventa y ocho por ciento de sudor».

El misionero y explorador David Livingston trabajaba jornadas de doce horas en una fábrica, desde las seis de la mañana hasta las ocho de la noche. Cuando salía del trabajo asistía a clases en la escuela nocturna y luego regresaba a su hogar a estudiar hasta altas horas de la noche.

Leonardo da Vinci, el gran pintor, escultor, arquitecto, ingeniero y científico italiano del siglo quince, entendió la necesidad del trabajo duro. Dijo: «Tú, oh Dios, nos vendes a nosotros todas las cosas buenas al precio de la labor. El trabajo es la semilla de la cual crecen todas las cosas buenas que tú esperas».

La naturaleza también provee un ejemplo asombroso de trabajo fuerte. Las abejas recogen néctar de ciento veinticinco flores para hacer un gramo de miel. ¡Eso significa que tienen que hacer tres millones de viajes para hacer medio kilo de miel!

Y Miguel Ángel, uno de los grandes artistas de todos los tiempos, discutía la maravilla de su propio talento: «Si la gente supiera lo duro que tengo que trabajar para lograr la excelencia, no parecería tan maravilloso después de todo».

El éxito «de la noche a la mañana», el lograr mucho, y «tener suerte» a menudo disfrazan el trabajo duro.

Dale gracias a Dios todas las mañanas que tienes algo que hacer y que se debe hacer, ya sea que te guste o no. Luego hazlo lo mejor posible.

Al fin vencedores

¿Qué diremos frente a esto? Si Dios está de nuestra parte,
¿quién puede estar en contra nuestra?
Romanos 8:31

Cuando eras niño, ¿alguna vez trataste de cambiar el curso de una pequeña corriente construyendo una represa con rocas y piedras? ¿Construiste alguna vez una represa de barro para recoger el agua que fluía y hacer una piscina para colocar tu barco de juguete? Nuestros esfuerzos de la niñez nunca tuvieron un éxito total, ¿verdad? Al final, las piedras no aguantaban la fuerza del agua y el dique de barro se lo llevaba la corriente.

Durante cinco mil años se han usado las represas para controlar el agua: prevenir inundaciones, cambiar el curso de los ríos, guardar agua e irrigar la tierra. Sin embargo, hasta las represas modernas de hoy en día no pueden detener por completo el flujo de agua dentro de sus corrientes ni prevenir su final regreso a los océanos.

Cada día enfrentamos desafíos que en potencia pueden desviarnos y hasta vencer en forma temporal el propósito de Dios para nuestra vida. Quizá nuestra vida se ha desviado por fracasos, malas decisiones o errores, pero si le damos esas circunstancias al Señor, nunca derrotarán su plan para nosotros. Es más, por lo general nos maravillamos cuando Él toma esas circunstancias y las usa para lograr su bueno y eterno propósito. (Véase Romanos 8:28).

El plan de Dios nunca se puede derrotar; y esta es una buena noticia para ti hoy. Dios tiene el control, lo que significa que nada puede suceder que lo va a derrotar a Él, ni siquiera la desobediencia premeditada de una persona o un grupo de personas.

Si eso es cierto para el Soberano del universo, es cierto para nosotros... si nuestros propósitos están en línea con los del Señor. Aun cuando la voluntad de Dios en nuestra vida se desvíe por un tiempo debido a nuestros pecados o errores, las circunstancias o hasta el mal que alguien nos haga, al final nunca lograrán derrotarnos, siempre y cuando cooperemos con Dios[41].

La influencia de un corcho

*Vivamos decentemente, como a la luz del día [...] revístanse
ustedes del Señor Jesucristo.*
Romanos 13:13-14

Un grupo de turistas pasó por un salón en particular
de una fábrica. Vieron una larga barra de acero que
pesaba doscientos cincuenta kilos, suspendida
verticalmente por una cadena. Cerca de ella, un corcho de
tamaño común estaba suspendido de un hilo de seda.

«Ustedes verán algo dentro de unos minutos que
parece imposible», dijo la mujer que guiaba al grupo de
turistas. «¡Este corcho va a hacer mover esta barra de
hierro!»

Tomó el corcho en la mano, lo tiró apenas un poco
hacia un costado de su posición original y lo dejó libre. El
corcho se meció con suavidad hacia la barra de acero, la
que permaneció inmóvil.

Durante diez minutos el corcho, con la regularidad de
un péndulo, le pegó a la barra de hierro. Al final, la barra
vibró ligeramente. Para cuando el grupo de turistas pasó

de nuevo por el lugar una hora más tarde, la gran barra se mecía como el péndulo de un reloj.

Muchos sentimos que no ejercemos ni el peso de una pluma en cuanto a nuestra influencia en otros, ni haciendo mella en las fortalezas de mal del mundo. ¡Pero no es así! Algunas veces no nos damos cuenta de la poderosa influencia acumulativa de la bondad de Dios que llevamos a los que nos rodean.

No todos tienen el llamado a esparcir el amor de Jesús desde un púlpito, ni como evangelistas, ni al ministerio de consejería a tiempo completo. A muchos se nos llama a vivir como «corchos», mediante la palabra y el ejemplo: de forma quieta, gentil, tocando vidas a medida que realizamos nuestros trabajos diarios. Poco a poco, en el tiempo de Dios, hasta el cristiano más callado es capaz de distinguirse mucho en la vida de aquellos que los predicadores tal vez nunca alcancen.

Un filósofo de nuestros días ha estimado que la persona común y corriente se encuentra con al menos veinte personas diferentes en el curso de un día, con un mínimo de contacto visual o de gestos. Eso es al menos veinte oportunidades de «llegar» al corazón humano colectivo.

A medida que andes a través de tu día, recuerda que hasta una sonrisa puede alentar el corazón de un extraño y acercarlo a Jesús.